Birgit Palzkill
Frank G. Pohl
Heidi Scheffel

unter Mitarbeit von
Judith Baginski und Günter Müller

Diversität im Klassenzimmer*

Geschlechtliche und sexuelle Vielfalt in Schule und Unterricht

Cornelsen

Die Autor_innen des Bandes

Birgit Palzkill, Dr. phil., war Lehrerin und arbeitet seit mehr als dreißig Jahren als Fortbildnerin, Supervisorin und Wissenschaftlerin. Themenschwerpunkte: Geschlechtertheorie(n), geschlechterbewusste inklusive Pädagogik, Schutz vor sexualisierter/genderbasierter Gewalt, Beratung und schulische Beratungskonzepte.

Frank G. Pohl ist Oberstudienrat und seit 2012 Landeskoordinator des Antidiskriminierungsprojekts „Schule der Vielfalt". Er ist Autor von Unterrichtsmaterialien für mehr queere Akzeptanz, Gründer der Gruppe „Homosexuelle Lehrkräfte in der GEW Köln/NRW" und leitete ehrenamtlich die Anti-Gewalt-Beratungsarbeit des Kölner LSVD.

Heidi Scheffel, Dr. phil., war Lehrerin, Schulleiterin und schulfachliche Dezernentin an und für Gesamtschulen. Sie arbeitet seit vielen Jahren als Fortbildnerin und Schulentwicklerin im Bereich der geschlechterbewussten (Sport-)Pädagogik.

Judith Baginski ist Referentin im Innenministerium des Landes NRW und leitet dort das Sachgebiet Personalien des Geschäftsbereichs. Von 2009 bis 2016 war sie juristische Dezernentin in der Schulaufsicht der Bezirksregierung Köln. Sie hat Rechtswissenschaften in Köln und Paris studiert.

Günter Müller war Leiter eines Schulpsychologischen Dienstes. Er arbeitet als Fortbildner und Supervisor. Er hat langjährige Erfahrung in der Fortbildung von Lehrkräften, u. a. zur Beratung von LSBTIQ*-Kindern und Jugendlichen sowie zur lösungsorientierten Gesprächsführung.

Projektleitung: Dorothee Weylandt, Berlin
Redaktion: Birte Meyer, Berlin
Umschlagkonzept und -gestaltung: Corinna Babylon
Layout / technische Umsetzung: LemmeDESIGN, Berlin

www.cornelsen.de

1. Auflage, 2. Druck 2021

Druck: H. Heenemann, Berlin

ISBN 978-3-589-16584-1

PEFC
PEFC/04-31-1156

PEFC zertifiziert
Dieses Produkt stammt aus nachhaltig bewirtschafteten Wäldern und kontrollierten Quellen.

www.pefc.de

Inhalt

Einleitung

Ein erfolgreicher Umgang mit Diversität ist eine der größten Herausforderungen unserer Zeit. Unsere Gesellschaft wird immer vielfältiger und wir stehen in einer globalisierten Welt zunehmend vor der Aufgabe, uns mit zahlreichen Dimensionen von Diversität – wie etwa kultureller, religiöser und sozialer Vielfalt – auseinanderzusetzen. Es gilt, einen Weg zu finden, der es den einzelnen Menschen ermöglicht, sich umfassend und selbstbestimmt zu entfalten.

Shutterstock / Monkey Business Images

Vielfalt wird in allen gesellschaftlichen Bereichen immer sichtbarer und geht mit ständigen Veränderungen einher. Dies gilt auch für Geschlechternormen und -ordnungen, die sich in permanentem Wandel befinden. Die vor 50 Jahren als selbstverständlich geltenden Frauen- und Männerbilder erscheinen uns heute als anachronistisch. Die Geschlechternormen und die Darstellungen des eigenen Geschlechts sind nun nicht nur bezogen auf die Kleiderordnungen deutlich varianter. Sichtbarer Ausdruck dieser Veränderungen ist die jüngste Änderung des Personenstandsrechts, die die beiden Eintragungen „männlich" und „weiblich" um den Eintrag „divers" erweitert.

Für Kinder und Jugendliche haben sich die Spielräume vergrößert. Ihre Chancen sind gestiegen, einengende Normen und Grenzen zu überwinden, unter denen Menschen vergangener Generationen gelitten und die Mädchen wie Jungen in ihren Lern- und Entwicklungsmöglichkeiten behindert haben. Damit diese Möglichkeiten auch ausgeschöpft werden können, bedarf es einer Schule, die Vielfalt willkommen heißt und aktiv unterstützt, in der sich alle Schüler_innen geschützt fühlen, wenn sie einengende Geschlechtergrenzen überschreiten. Ein solches Klima der Offenheit und Sicherheit setzt die Bereitschaft voraus, diejenigen Schüler_innen vor Ausgrenzung und Diskriminierung zu schützen, die die herrschenden Geschlechternormen ganz offensichtlich nicht erfüllen können oder wollen. In besonderer Weise gilt dies für lesbische, schwule, bisexuelle, trans*, intergeschlechtliche und queere Schüler_innen (LSBTIQ*). Es betrifft jedoch auch alle anderen Schüler_innen, die – unabhängig von ihrer geschlechtlichen und sexuellen Orientierung – ausgegrenzt oder diskriminiert werden, weil sie in den Augen anderer als „zu weiblich" oder „zu männlich" erscheinen.

Auch diejenigen Schüler_innen, die in einer Regenbogenfamilie leben, die also mindestens ein Elternteil haben, das LSBTIQ* ist, bedürfen einer Schule, die geschlechtliche und sexuelle Vielfalt wertschätzt und schützt. Insbesondere für jüngere Kinder ist es sehr bedeutsam, dass sie frei über ihr Zuhause sprechen können, ohne sich der Gefahr von Abwertung und Ausgrenzung auszusetzen.

Die Auseinandersetzung mit (sexueller und geschlechtlicher) Vielfalt und die Erfüllung der damit in Zusammenhang stehenden Aufgaben stellen einen zentralen Bestandteil des Bildungs- und Erziehungsauftrags von Schule dar. Die Schule ist kein Ort, an dem nur Fachwissen vermittelt wird, sondern sie fördert Bildung und trägt zur Persönlichkeitsentwicklung von Kindern und Jugendlichen bei. Schule und Unterricht müssen so gestaltet sein, dass Schüler_innen befähigt werden, sich mit gesellschaftlichen Vorstellungen und Normen auseinanderzusetzen, und sie auf ihrem Weg zu einer selbstbestimmten sexuellen und geschlechtlichen Identität unterstützt werden.

Das Grundgesetz regelt in Artikel 3 das grundsätzliche Verbot von Diskriminierung, die einzelnen Landesverfassungen und Schulgesetzgebungen formen dies länderspezifisch aus. Ihnen allen gemeinsam ist, dass niemand wegen seines Geschlechts oder seiner sexuellen Orientierung benachteiligt oder bevorzugt werden darf. Dabei betonen die Schulgesetze und Bildungspläne der einzelnen Länder, dass Schule und Unterricht der Vielfalt der Lebenszusammenhänge und -entwürfe gerecht werden müssen und konkretisieren diesen Auftrag in länderspezifischer Weise.[1]

Das vorliegende Buch soll Schulen ermutigen, sich diesem Auftrag in Bezug auf die Dimension der geschlechtlichen und sexuellen Vielfalt zu stellen. Es soll Lehrkräfte unterstützen, die sich bislang aus unterschiedlichen Gründen nicht an diese Thematik gewagt haben, ihnen theoretisches wie praktisches Rüstzeug zur Verfügung stellen und Handlungssicherheit vermitteln. Vor allem soll es dazu beitragen, dass Schulen das Thema über Einzelprojekte hinaus als Querschnittsthema begreifen und erkennen, dass die Auseinandersetzung mit Fragen der geschlechtlichen und sexuellen Vielfalt kein Randthema ist, das nur eine kleine Minderheit betrifft. In jeder Schule gibt es zahlreiche LSBTIQ*-Schüler_innen sowie Schüler_innen aus Regenbogenfamilien, aber auch für alle anderen ist die Auseinandersetzung mit Fragen von Geschlecht und sexueller Orientierung von zentralem Interesse: Inwieweit können und wollen sie den herrschenden Idealen von „Männlichkeit" und „Weiblichkeit" entsprechen und wie wollen sie sich selbst und ihr Geschlecht inszenieren? Diese Fragen beschäftigen Schüler_innen jeweils in altersspezifischer Weise und in wechselnder Intensität von der Primarstufe über die Sekundarstufe bis in die gymnasiale Oberstufe hinein. Nur wenn Schulen die Bedeutung der Thematik für alle Schüler_innen erkennen und bereit sind, Handlungsstrategien auf den verschiedenen Ebenen der Schule zu

1 Siehe z. B. die Leitperspektive „Bildung für Toleranz und Akzeptanz von Vielfalt" (Bildungsplan, Baden-Württemberg 2016) oder den nordrhein-westfälischen Referenzrahmen für Schulqualität, der den Umgang mit Vielfalt und Unterschiedlichkeit sowie Heterogenität betont und diesen hinsichtlich der Schulkultur und des Bereiches Lehren und Lernen konkretisiert.

entwickeln, können sie ihrem Bildungsauftrag gerecht werden. In diesem Buch wird gezeigt, wie eine Schule Handlungsstrategien erarbeiten und schrittweise ein Klima aufbauen kann, in dem Schüler_innen trotz aller Unterschiede einen respektvollen und kritischen Dialog miteinander führen und Diversität zu einer Bereicherung für alle werden kann.

Teil A stellt das theoretische Wissen bereit, das Lehrkräfte benötigen, um sich sachlich und fachlich kompetent mit Geschlechterfragen auseinanderzusetzen. Es beschreibt die Ziele einer geschlechterbewussten inklusiven Pädagogik. Kapitel 1 stellt dabei relevante Ergebnisse der allgemeinen Geschlechterforschung vor, Kapitel 2 bezieht diese Ergebnisse auf das Feld Schule und Kapitel 3 legt den rechtlichen Rahmen dar, der den Auftrag der Schule diesbezüglich formuliert und absichert.

Teil B ist den verschiedenen Handlungsfeldern und -schritten auf dem Weg zu einer Schule der Vielfalt gewidmet: Kapitel 4 zeigt auf, dass langfristiger Erfolg nur garantiert ist, wenn geschlechtliche und sexuelle Vielfalt als Thema in der Schulentwicklung verankert wird. Dafür sind konkrete Handlungsschritte notwendig: die Entwicklung einer offenen Schulkultur (Kap. 5), die Abbildung geschlechtlicher und sexueller Vielfalt im (Fach-) Unterricht (Kap. 6), die Professionalisierung der Lehrkräfte (Kap. 7) sowie die Entwicklung von Handlungsstrategien gegen Diskriminierungen und Gewalt (Kap. 8). Kapitel 9 beschreibt, was getan werden kann, um in der Schule genderkompetente Beratung anbieten zu können. Kapitel 10 gibt Hinweise, wie sich Lehrkräfte verhalten sollten und welche Aufgaben sich ihnen stellen, wenn intergeschlechtliche Schüler_innen in ihrer Klasse sind oder Schüler_innen sich als transgeschlechtlich outen.

In Teil C werden Materialien, Ideen, Praxisbeispiele und Informationen vorgestellt, die die schulische Arbeit unterstützen. Jede Schule kann auf den Erfahrungen derjenigen aufbauen, die sich zum Teil schon seit vielen Jahren mit dem Thema Schule der Vielfalt beschäftigen.

Rechtliche Fragen des schulischen Alltags werden in Kapitel 11 konkret beantwortet, z. B. in Bezug auf den Umgang mit geschlechtergetrennten Toiletten, die Umkleidesituation von transgeschlechtlichen Kindern usw.

In Kapitel 12 wird das bundesweite Antidiskriminierungsprojekt „Schule der Vielfalt" vorgestellt, das seit 2008 Schulen begleitet, die sich verpflichten, alle Schüler_innen unabhängig von ihrer sexuellen Orientierung oder geschlechtlichen Identität willkommen zu heißen und sich für Vielfalt und gegen jede Diskriminierung einzusetzen. Kapitel 13 stellt beispielhaft schulöffentliche Aktionen und Projekte vor, an denen sich andere Schulen orientieren können.

Beispiele für Materialien zur Gestaltung des Unterrichts wie Literatur- und Filmempfehlungen (Kap. 14), eine Liste mit Anlaufstellen und Adressen (Kap. 15) sowie ein Glossar mit den wichtigsten Begrifflichkeiten runden den Band ab.

A Grundlagen

1 Frau, Mann, Divers* – wie Geschlechter gemacht werden

1.1 Wie natürlich sind zwei Geschlechter? Die Alltagstheorie der Zweigeschlechtlichkeit[2]

Was ist eine Frau? Was ist ein Mann? Was ist ein Junge? Was ist ein Mädchen? Und woran erkenne ich den Unterschied? Die meisten Menschen glauben, diese Fragen sofort und eindeutig beantworten zu können, und viele empfinden schon die Fragestellung als eher befremdlich, wenn nicht gar als Zumutung. Grundlage für ihre Sicherheit ist die sogenannte Alltagstheorie von Geschlecht, die sich in der herrschenden Geschlechterordnung gründet und die erwachsene Personen meist als selbstverständlich verinnerlicht haben (vgl. Hagemann-White, 1984, S. 81).

Das Alltagsverständnis der Zweigeschlechtlichkeit beinhaltet drei Überzeugungen:

- Die **Eindeutigkeit**
  besagt, dass jeder Mensch entweder Mann oder Frau ist. Geschlecht ist eine Klassifikation der gesamten Menschheit in zwei eindeutig unterscheidbare Klassen.
- Die **Naturhaftigkeit**
  besagt, dass die Geschlechtszugehörigkeit eine in der Natur, in der Biologie des Körpers begründete Tatsache ist.
- Die **Unveränderbarkeit**
  besagt, dass diese angeborene Geschlechtszugehörigkeit nicht gewechselt werden kann, außer in Korrektur eines Fehlers der Natur im Falle von Transgeschlechtlichkeit.

Nach dieser Alltagstheorie ergibt sich für jedes Individuum die Notwendigkeit, sich zeitlebens einer der beiden Klassen zuzuordnen. Jede Person muss zu jedem Zeitpunkt, ob sie will oder nicht und unabhängig davon, was sie tut oder lässt, Mann oder Frau, Junge oder Mädchen sein. Auch „Auszeiten" im Sinne kurzer Zeiträume der Nicht-Zuordnung sind unmöglich.

So tief diese Alltagstheorie auch im Bewusstsein der meisten Menschen verankert sein mag, so wenig hält ihre Gültigkeit einer genaueren Analyse stand. Zum einen gibt die Biologie keineswegs eine so klare Trennlinie vor, wie es aufgrund der Alltagstheorie zu erwarten wäre. Wie der Genetiker Hans-Jürgen Voß (2011) aufgezeigt hat, stellen aktuelle Forschungsergebnisse die Grundannahmen der Alltagstheorie infrage. Aus humanbiologischer Sicht sei von einem Kontinuum zwischen „Männlichkeit" und „Weiblichkeit" in Bezug auf die Geschlechtsmerkmale (Chromosomen, Hormonspiegel, innere und äußere Geschlechtsorgane) auszugehen.

Noch deutlicher wird die Alltagstheorie infrage gestellt, wenn man die Ergebnisse ethnografischer Forschung betrachtet. Denn diese erlaubt es, das eigene Denken aus einem anderen Blickwinkel, d. h. mit Abstand zu betrachten. Gianna Pomata (1983) hat zahlreiche Beispiele aus der

2 Die Kapitel 1.1 und 1.2 sind Auszüge aus dem Vortrag „Gender – Geschlecht im Licht postmoderner Dekonstruktionstheorien", der für die Fortbildung von Lehrkräften konzipiert wurde. Er wurde erstveröffentlicht in Palzkill, 2017 (S. 124–128), und hier in leicht überarbeiteter Form übernommen.

ethnophysiologischen Forschung zusammengestellt, bei denen die physiologischen Differenzen der Geschlechter ganz anders wahrgenommen und vor allen Dingen anders interpretiert werden als in der Alltagstheorie der Zweigeschlechtlichkeit.

Die Hua aus Papua-Neuguinea halten für die Zuschreibung des Status als Mann oder als Frau „einen speziellen und variablen physiologischen Zustand in Hinblick auf die sexuellen Flüssigkeiten" für entscheidend. Durch Sexualakte und die Geburt von mehreren Kindern verändert sich die Körperflüssigkeit der Frau so, dass sie im Alter sozial zum Mann und ein Mann aus analogen Gründen zur Frau werden kann. Die meisten Hua leben also im Laufe ihrer Existenz sowohl als Mann als auch als Frau. „Das sexuelle Geschlecht wird hier als etwas begriffen, das zwischen Männern und Frauen, zwischen Alten und Jungen fließen kann." Es sind nicht „die Personen als solche männlich oder weiblich", sondern die Körpersubstanzen (Pomata, 1983, S. 120; siehe auch Peoples/Bailey, 2011). Bei diesem Verständnis der Geschlechterdifferenz wird ein Wechsel der Geschlechtszugehörigkeit somit als etwas ganz Natürliches empfunden.

Die „Two Spirits", die viele nordamerikanische indigene Völker kennen, sind das bekannteste Beispiel für eine Kultur mit Geschlechtswechsel, der weder als pathologisch angesehen wird noch mit chirurgischen Veränderungen einhergeht (vgl. Jacobs/Wesley/Lang, 1997). Von unserem Interpretationsrahmen aus gesehen handelt es sich bei den „Two Spirits" um Männer, die irgendwann im Laufe ihres Lebens die Kleidung von Frauen anziehen, deren Arbeiten nachgehen und eventuell auch einen Mann heiraten. Meist erfolgt der Wechsel aufgrund einer im Traum erhaltenen „höheren Weisung", aus der heraus er sich auch legitimiert. „Two Spirits" sind gesellschaftlich sehr geachtet. Es bedeutet eine besondere Ehre für eine Familie, einen „Two Spirit" in den eigenen Reihen zu haben, da dieser als Vertreter einer besonderen Vollkommenheit angesehen wird. Die „Two Spirits" wurden bis in die 1990er-Jahre von Anthropolog_innen als „Berdache" bezeichnet und als Homosexuelle interpretiert, was jedoch als ein unzulässiges Überstülpen ihres Interpretations- und Verstehensraster angesehen werden muss.

Weitere Beispiele für den Wechsel der Geschlechtszugehörigkeit finden sich in Kulturen, in denen im Alter ein Geschlechtswechsel vollzogen wird bzw. aufgrund ihres Verständnisses davon, was Geschlecht ist.

Bei den Winnebago wird die Geschlechterdifferenz einzig durch die Menstruation bestimmt. Frau-Sein wird über Isolationsriten und tabuisierte Restriktionen definiert, die sich um die Menstruation ranken. In der Kindheit und im Alter stellt Geschlecht damit keine soziale Kategorie dar. „Alte Frauen gelten praktisch den Männern gleich, da sie keine monatlichen Blutungen mehr haben." (Robert H. Lowie zit. nach Tyrell, 1986, S. 483)

Die Beispiele verdeutlichen, dass es Kulturen gibt (oder gab), die ein völlig anderes Verständnis davon, was Geschlecht ist, zugrunde legen. Die scheinbar weltweit gültige und in der Physiologie begründete Definition von Männern und Frauen ist also keineswegs universal. Die Alltagstheorie der Zweigeschlechtlichkeit stellt vielmehr das dar, was Pierre Bourdieu eine „Doxa" genannt hat, eine bedenkenlos akzeptierte Selbstverständlichkeit unseres Alltags, deren Unhinterfragtheit dazu führt, „Existenzbedingungen für natürlich zu halten, die empörend wären für jemanden, der unter anderen

Bedingungen sozialisiert worden ist und der sie nicht durch die Wahrnehmungskategorien jener Welt erfasste" (Bourdieu, 1993, S. 367).

Wenn wir die Welt durch die Brille unserer Alltagstheorie der Zweigeschlechtlichkeit betrachten, erhalten wir verzerrte Bilder, da wir unzulässigerweise verallgemeinern. Doch diese Tendenz zur Verallgemeinerung ist geradezu unüberwindbar, da sie zur Sicherung der eigenen Identität notwendig erscheint. Es verunsichert extrem, die eigenen tief verinnerlichten Vorstellungen infrage zu stellen. Doch Gianna Pomata hält dem entgegen, dass sich bei genauerer Betrachtung diese Essenz, die „wir fest in Händen zu halten glauben, auf[löst], sobald wir aus der Geschlossenheit unserer Kultur heraustreten und uns dem Vergleich mit anderen aussetzen" (Pomata, 1983, S. 123). Ihre Analyse zusammenfassend sagt sie: „Die Begriffe ‚Frau' und ‚Mann' haben keine wesentliche und universelle Bedeutung" (ebd.). Ähnlich formuliert dies Carol Hagemann-White: „Wir können an keine Gesellschaft mit der naiven Annahme herantreten, wir wüssten ja schon, was Frauen und Männer sind und woran man den Unterschied erkennt." Wir müssen vielmehr die „Kategorien Frau/Mann selbst als Symbole in einem sozialen Sinnsystem begreifen" (Hagemann-White, 1984, S. 79).

1.2 „Doing Gender" – die interaktive Konstruktion von Geschlecht

Folgt man dem Ansatz, dass Geschlecht eine kulturelle Konstruktion ist, dass die Begriffe „Mann" und „Frau", „Mädchen" und „Junge" als Symbole in einem sozialen Sinnsystem zu begreifen sind, bedeutet dies für Kinder, dass sie dieses Sinnsystem nicht selbstverständlich kennen, sondern es erst einmal erfassen müssen. Es bedarf eines Lernprozesses, um sich darin zurechtzufinden.

Erwachsenen ist in der Regel nicht mehr bewusst, wie kompliziert und schwierig dieser Prozess für Kinder ist. Besonders bei der Beobachtung kleiner Kinder lässt sich jedoch unschwer erkennen, dass sie die Alltagstheorie der Zweigeschlechtlichkeit noch nicht verinnerlicht haben. Da die Geschlechtsmerkmale meist von der Kleidung verdeckt werden und Kinder in der Regel nicht kognitiv in die Alltagstheorie der Zweigeschlechtlichkeit eingeführt werden, dauert es bis zum Alter von vier bis sechs Jahren, ehe Kinder diese als Selbstverständlichkeit verinnerlicht haben. Die Klassifizierung kann dabei nämlich nicht – der Alltagstheorie entsprechend – über die biologischen Tatsachen erfolgen. In Wirklichkeit müssen Kinder viel subtilere und wesentlich mehr Kriterien erfassen und zuordnen. Als eindeutiges und einfaches Kriterium dient ihnen häufig die Kleidung.

Zur Veranschaulichung wird eine Unterhaltung der Autorin mit einem knapp dreijährigen Mädchen namens Anna und deren fünfjährigem Bruder Paul wiedergegeben. Ohne jeden Bezug zur Situation beginnt Anna vollkommen unvermittelt folgendes Gespräch:

Anna: „Ich bin ein Mädchen. Ich habe ein Kleid an." Zur Bekräftigung dieser Aussage fügt sie hinzu: „Mädchen haben Kleider an."

Birgit Palzkill: „Aha! Meinst du damit, dass alle Mädchen Kleider tragen?"

Anna: „Ja, Mädchen haben Kleider an."

B. P.: „Ich habe aber eine Hose an. Bin ich kein Mädchen?"

Anna: „Du kommst ja auch aus Köln."

B. P.: „Ach so. Aber deine Mama hat auch eine Hose an."

Anna: „Ja, aber wenn sie ein Kleid anhat, ist sie ein Mädchen."

B. P.: „Und was ist sie jetzt?"

Anna: „Mama."

B. P.: „Wenn Paul ein Kleid anzieht, ist er dann ein Mädchen?"

Anna: „Ja, sicher."

Paul: „Die Anna hat das noch nicht richtig verstanden, wie das ist mit Mädchen und Jungen."

B. P.: „Dann erklär' du mir das einmal."

Paul: „Also, das ist so: Mädchen können Hosen anziehen und Kleider, und Jungen nur Hosen."

B. P.: „Wenn du jetzt ein Kleid anziehst, bist du dann ein Mädchen?"

Paul: „Ja, sicher, aber ich ziehe ja keins an."

(Palzkill, 2017, S. 127)

Kleidung ist heutzutage allerdings nur noch eingeschränkt als Klassifizierungskriterium brauchbar. Das Symbolsystem Mann/Frau ist wesentlich komplexer und Kinder müssen differenziertere Kriterien zurate ziehen: zum Beispiel die Körperhaltung, die Sprache, die Stimmlage, das Auftreten oder die Art und Weise der Beziehungsaufnahme.

Umgekehrt muss ein Kind gleichzeitig lernen, sich selbst so darzustellen und zu verhalten, dass andere es als Junge oder Mädchen erkennen. Mit zunehmendem Alter muss es die Aufgabe immer sicherer bewältigen, so aufzutreten, dass andere Menschen es „richtig" zuordnen. Geschlecht ist in diesem Sinne keine Eigenschaft, die wir fest besitzen, sondern muss in der Interaktion mit anderen Menschen immer wieder neu hergestellt werden. Dies verlangt aktives Handeln und wird daher als „Doing Gender" bezeichnet (West/Zimmermann, 1987).

Geschlechtliche Zuordnung ist damit etwas, das tendenziell für jeden Menschen fragil und bedroht ist. Es bedarf aktiver Anpassungsprozesse an die in der Kultur verankerten Ideale von „Männlichkeit" und „Weiblichkeit". Diese Ideale sind nicht statisch und eineindeutig und einem ständigen kulturellen Wandel unterworfen. Die Bilder von „Männlichkeit" und „Weiblichkeit", die in den 1950er-Jahren noch Gültigkeit hatten, erscheinen heute oftmals als völlig anachronistisch und haben sich deutlich gewandelt. Niemand entspricht den jeweils gerade herrschenden Idealen gänzlich und viele Menschen wollen dies auch nicht. Die meisten Menschen entsprechen ihnen jedoch zumindest so weit, dass sie die gesellschaftlich geforderte Zuordnung zu einer der binären Geschlechterkategorien erfüllen, also von anderen eindeutig als „Mann" oder „Frau" gelesen werden können.

Shutterstock / Cre8 design

Den meisten Erwachsenen ist der Prozess des „Doing Gender" so sehr in Fleisch und Blut übergegangen, dass sie sich dessen nicht mehr bewusst sind. Die Existenz von genau zwei Geschlechtern, die ständige Berufung darauf und die Behauptung, dass diese Zweigeschlechtlichkeit natürlich und notwendig sei, führt dazu, dass die herrschende binäre Geschlechterordnung als eine natürliche erscheint. Sie wirkt wie eine Tatsache, die scheinbar nicht hinterfragt werden kann und deren Konstruktionsmechanismen unbewusst bleiben.

Den Prozess des „Doing Gender" im Griff zu haben, ist eine der wichtigsten Fähigkeiten, die ein Mensch in unserer Gesellschaft haben muss – wenn nicht sogar die wichtigste Fähigkeit. Sehr deutlich wird dies etwa an der Redewendung: „Ich weiß nicht mehr, ob ich Männlein oder Weiblein bin." In ihr drückt sich aus, dass eine schlimmere Desorientierung kaum denkbar ist. Wer den Prozess des „Doing Gender" nicht beherrscht, dem droht die Ausgrenzung aus der Gesellschaft. Der Transsexuellen-Forscher Stefan Hirschauer (1999, S. 50) drückt dies sehr markant in dem folgenden Satz aus: „Der soziale Ort ‚zwischen' den Geschlechtern ist ‚am Rand', wenn nicht ‚außerhalb' der Gesellschaft" – und eben keineswegs die Mitte. Das Nichtbeherrschen des „Doing Gender" wird allenfalls kleinen Kindern zugestanden. Spätestens mit dem Eintritt in die Pubertät stellt es eine existenzielle Bedrohung dar, sich nicht eindeutig im Symbolsystem der Zweigeschlechtlichkeit zurechtzufinden.

1.3 Was gilt als normal? Die heteronormative Ordnung

Über die Vorstellung hinaus, dass jede Person eindeutig und biologisch begründet einer der Kategorien „Mann" oder „Frau" zugeordnet werden kann, wird die Frage der Geschlechtszugehörigkeit zudem mit der Frage der Sexualität gekoppelt. Dadurch verbindet sich die Frage der Fortpflanzung wie selbstverständlich mit der Geschlechterzuordnung. Heterosexualität erscheint so als natürlich und „normal" und wird bis zum Beweis des Gegenteils als Selbstverständlichkeit unterstellt.

Die herrschende Geschlechterordnung wird daher auch als heteronormative Ordnung bezeichnet. Mit dem Begriff der Heteronormativität wird darauf verwiesen, dass zum einen die alltagstheoretische Annahme, dass es genau zwei binäre Geschlechter gebe und diese sexuell aufeinander bezogen seien, infrage zu stellen ist. Zum anderen wird mit diesem Begriff aber auch die Hierarchie der Geschlechterordnung kritisiert. Wie bei anderen binären Ordnungen (z. B. Körper/Geist, Natur/Kultur, Schwarze/Weiße) stehen sich die beiden Pole Männlichkeit/Weiblichkeit sowie Heterosexualität/Homosexualität nicht nur gegenüber, sondern sind vielmehr mit Wertungen verbunden. Die Überlegenheit und Höherwertigkeit des „Männlichen" ist in dieser Ordnung ebenso verankert wie die Privilegierung von Heterosexualität. Der (weiße) heterosexuelle Mann wird zur Norm menschlichen Lebens schlechthin. Frauen sind nur als „das andere Geschlecht" (Beauvoir, 1951) und Homosexualität ist nur als Abweichung denkbar. Dabei ist die privilegierte Stellung von „Männlichkeit" und von Heterosexualität nicht nur individuell in den Denkgewohnheiten der einzelnen Menschen verankert, sondern auch strukturell auf der gesamtgesellschaftlichen Ebene. Der Begriff der Heteronormativität verweist darauf, dass mit der Naturalisierung der herrschenden Geschlechterordnung auch hierarchische Strukturen, kulturelle Vorstellungen, wie z. B. von Familie und gesellschaftlichen Machtverhältnissen als natürlich erscheinen. Damit werden Ungleichheiten und Ausgrenzungen vorgeblich zu natürlichen Selbstverständlichkeiten, die sich nicht mehr hinterfragen lassen bzw. gar nicht mehr als solche wahrgenommen werden.

1.4 Infragestellung der heteronormativen Ordnung

Wie beschrieben, ist die geschlechtliche Zuordnung zu den binären Kategorien „Mann" und „Frau" prinzipiell für alle Menschen fragil. Denn zum einen entspricht niemand vollkommen und dauerhaft den in der heteronormativen Ordnung transportierten Idealen von „Weiblichkeit" und „Männlichkeit". Zum anderen spüren viele Menschen Widersprüche zwischen dem, was sie als eigene Persönlichkeit empfinden, zwischen ihren eigenen Wünschen und Bedürfnissen und dem geforderten Ideal. Da diese Modelle jedoch als wirkmächtige Normen fungieren, denen „richtige Frauen" und „richtige Männer" entsprechen sollten, verspüren die Individuen eine Spannung zwischen Ideal und Wirklichkeit, treten Brüche und Widersprüche auf, mit denen sie lernen müssen umzugehen. Manche Menschen stellen sich bewusst in Opposition zu den geforderten Idealen und verweigern sich dem Druck der Anpassung. Andere verwenden sehr viel Energie darauf, die eigene Persönlichkeit und insbesondere den eigenen Körper mit allen Mitteln der idealen „Weiblichkeit" bzw. „Männlichkeit" anzunähern. In jedem Fall verlangt das Leben in der heteronormativen Ordnung von allen Menschen, sich aktiv mit dieser auseinanderzusetzen. Einzelnen sind die Brüche und Widersprüche mal mehr und mal weniger bewusst, und viele sehen ihre Anpassungsleistungen als so selbstverständlich und natürlich an, dass sie diese nicht mehr als solche wahrnehmen.

Unübersehbar werden die Brüche jedoch durch diejenigen, die den Normen der heteronormativen Ordnung offen widersprechen bzw. sie auf direkte Art verletzen. Die Gruppe derer, die den Normen der heteronormativen Ordnung entgegensteht, ist vielfältig und lässt sich nicht in eindeutige Kategorien fassen. Die Verletzung der Norm kann die Frage der Heterosexualität betreffen (z. B. Lesben, Schwule, Bisexuelle, Asexuelle) oder/und die Frage des Geschlechts. Letzteres gilt für Menschen, die genetisch und/oder anatomisch und hormonell sowohl „weibliche" als auch „männliche" Geschlechtsmerkmale haben (Inter*), für Personen, deren Geschlecht nicht mit dem bei der Geburt zugewiesenen Geschlecht übereinstimmt (Trans*) und für Menschen, die jede Zuordnung zu den Kategorien Mann/Frau verweigern und sich z. B. als nicht binär oder queer bezeichnen. Abkürzend wird die Bezeichnung LSBTIQ* gebraucht, was für Lesben, Schwule, Bisexuelle, Trans*, Inter* und Queer* steht. Das Sternchen repräsentiert – sozusagen als Platzhalter – die zahlreichen Ausformungen und weiteren Existenzweisen, Identitäten[3] bzw. Haltungen zu Geschlecht und sexueller Orientierung.[4]

Shutterstock / Starodubceva Anna

1.5 LSBTIQ* und das Dilemma der Kategorisierungen

Allein die Existenz von LSBTIQ* stellt die heteronormative Ordnung infrage und kann zu Verunsicherung, Widerstand und Ablehnung führen. Ihre Existenz wird daher wenn möglich aus dem öffentlichen Diskurs ausgegrenzt und unsichtbar gemacht. Entsprechend ist etwa aus Staaten, die Homosexualität nicht anerkennen, immer wieder zu hören, dass „so etwas" in ihrer Kultur nicht existiere. Auch in Deutschland hat die Existenz intergeschlechtlicher Kinder erst in letzter Zeit Eingang in den öffentlichen Diskurs gefunden. Bis vor wenigen Jahren wurden intergeschlechtliche Menschen dadurch unsichtbar gemacht, dass sie als Kinder mittels operativer Verfahren zwangsweise in eine der beiden binären Geschlechterkategorien „Junge" oder „Mädchen" eingepasst wurden. Gleichzeitig riet man den Eltern, weder den Kindern noch der Umwelt etwas über die Intergeschlechtlichkeit mitzuteilen.[5]

3 Der Begriff der Identität ist hier nicht statisch, sondern im Sinne prozesshafter Identität zu verstehen. Identität wird „im Verhältnis zur situativen Umwelt, den eigenen Selbstbildern und Moralvorstellungen, den sozio-kulturellen Denkweisen und Verhaltensnormen gebildet" (Nicke, 2017, S. 2).

4 Im Glossar (siehe S. 120 ff.) werden die wichtigsten Begriffe erläutert, wobei die Auflistung keinen Anspruch auf Vollständigkeit erhebt.

5 Mit Bundestagsbeschluss vom 13. 12. 2018 hat der Gesetzgeber die dritte Option beim Geschlechtseintrag (u. a. bei der Geburt eines Neugeborenen) eingeführt, nachdem das Bundesverfassungsgericht eine Reform des Personenstandsrechts verlangt hatte. Seither werden „Varianten der Geschlechtsentwicklung" mit der Kategorie „divers" rechtlich anerkannt. Diese zusätzliche Kategorie wird auch Folgen für die Organisation von Schule und Schulalltag haben.

Die Sichtbarkeit von LSBTIQ* in der Öffentlichkeit ist vor diesem Hintergrund für jede der einzelnen Kategorien von großer Bedeutung. Erst die Benennung ermöglicht es, die eigene Existenz zu bezeugen, sie in den öffentlichen Diskurs einzuführen und sich für die jeweils spezifischen Belange einzusetzen. Die Benennung und Sichtbarkeit der jeweiligen Kategorien sind insofern Ausdruck von politischen Errungenschaften, bei denen es um gesellschaftliche Teilhabe, Sichtbarkeit und Anerkennung geht. Als ein „Regenbogen von Minderheiten" bestätigen LSBTIQ* als „die Abweichenden" gleichzeitig allerdings auch die Norm einer „natürlichen" Zweigeschlechtlichkeit und daraus resultierenden Heterosexualität, sodass diese nicht hinterfragt werden muss. Mit dem Hinweis darauf, dass es sich doch nur um eine Minderheit handele, weichen viele dem Unbehagen aus, das damit verbunden sein kann, die verinnerlichten Vorstellungen von Geschlecht als eindeutige Selbstverständlichkeit infrage zu stellen. Aus dem Bedürfnis nach Eindeutigkeit und Sicherheit heraus wird die Aufmerksamkeit in der Geschlechterdebatte daher immer wieder auf die verschiedenen Kategorien verschoben. Die Kategorisierung soll einer Ordnung und Orientierung dienen, verstellt aber gleichzeitig den Blick für die grundsätzliche Uneindeutigkeit von Geschlecht und Sexualität.

Die Notwendigkeit von Kategorien und die gleichzeitige Problematisierung und Infragestellung von Kategorisierungen wirft in der Praxis Fragen auf und führt zu Ambivalenzen: Wie kann die besondere Situation z. B. von Lesben thematisiert werden, wenn gleichzeitig die Kategorie Frau infrage gestellt wird und damit auch Lesben nicht mehr einfach frauenliebende Frauen sind? Wie passt es zusammen, eine dritte Option für Geschlecht im Personenstandsrecht zu fordern, ohne damit die Kategorisierung von Geschlecht zu verfestigen und die Fluidität von Geschlecht zu leugnen? Wie lässt sich eine Quotierung für Frauen vertreten, wenn gleichzeitig die binäre Geschlechterordnung mit ihrer Einteilung in „Frauen" und „Männer" infrage gestellt wird?

Damit ist ein Dilemma von Kategorisierungen angesprochen, das die Geschlechterdebatte mit anderen Dimensionen von Diversität teilt. Ob es um Rassismus geht, um Behinderung oder Sexismus – in den Diskussionen um Inklusion und in den politischen Auseinandersetzungen lassen sich nach Mai-Anh Boger (2019) jeweils drei verschiedene Perspektiven ausmachen:

- Einerseits geht es um das Erfordernis, die spezifische Existenz (z. B. als Migrant_in, als Frau, als LSBTIQ*, als behinderter Mensch) zu benennen, in ihr gesehen und anerkannt zu werden und sich nicht an die Normen der Dominanzgesellschaft anpassen zu müssen. Es geht um eine Absage an die Vorstellung, dass „Normalisierung" ein erstrebenswertes Ziel und die „Normalen" höherwertig seien (Emanzipation von Normalisierung).
- Andererseits besteht das berechtigte Bedürfnis, als Mensch wie alle anderen in der eigenen Individualität und nicht als Andere*r gesehen zu werden (Dekonstruktion der Binarität „Normale" und Andere; weiß/schwarz; Mann/Frau; „normal"/behindert usw.).
- Schließlich geht es darum, dass Migrant_innen/People of Color/Frauen/LSBTIQ*/behinderte Menschen nicht wegen ihrer spezifischen Existenzweise benachteiligt werden, sondern die gleichen Rechte und Möglichkeiten haben wie alle anderen. Beispiele für solche Forderungen nach Gleichberechtigung (Empowerment) sind: „Wir Frauen fordern das Wahlrecht!" „Wir Menschen mit Behinderung fordern das Recht auf barrierefreie Teilhabe!" „Wir Lesben und Schwule fordern die Ehe für alle!"

Mai-Anh Boger hat in ihrer Theorie der Trilematischen Inklusion aufgezeigt, dass je zwei dieser Perspektiven die dritte ausschließen. Damit sind in der Praxis Ambivalenzen und Spannungen unausweichlich. Je mehr beispielsweise die spezifische Existenz als Migrant_in/Frau/LSBTIQ*/ behinderter Mensch im Vordergrund steht und Maßnahmen gefordert werden, die die Benachteiligung der jeweiligen Gruppe ausgleichen sollen, desto mehr leidet der Anspruch, nicht als Andere*r gesehen zu werden und als Mensch in der eigenen Individualität anerkannt zu werden.

Da keine der Perspektiven weniger Berechtigung hat als die anderen, ergibt sich die Notwendigkeit, die Ambivalenzen auszubalancieren. Zum Beispiel ist es gesellschaftlich wichtig, die Vorstellung zu dekonstruieren, dass Behinderung notwendigerweise als leidvoll empfunden wird und ein Leben mit Behinderung sich grundsätzlich von einem „normalen" Leben unterscheidet (Dekonstruktion). Gleichzeitig gilt es, die besondere Situation von behinderten Menschen zu berücksichtigen und nicht darüber hinwegzugehen, wenn sie in ihrem Schmerz wahrgenommen werden wollen und ein besonderes Verständnis für ihre spezifische Situation brauchen. Je nach Kontext kann es sinnvoll sein, die eine oder die andere Perspektive in den Vordergrund zu stellen. In einem Fall ist es angemessen, die besondere Situation als behinderter Mensch/Frau/LSBTIQ* herauszustellen, die eigene spezifische Existenzweise zu betonen und zu verlangen, dass diese besondere Situation Berücksichtigung findet. In einem anderen Kontext mag es dagegen wichtig sein zu betonen, dass genau diese Besonderheit keinerlei Bedeutung hat und es darum geht, genauso wie alle anderen behandelt zu werden. In einer konkreten Situation ist es notwendig, diese unter allen drei Perspektiven zu betrachten und den eigenen Standpunkt vor diesem Hintergrund zu reflektieren. Eine solche Positionsbestimmung und Selbstreflexion erleichtert es, situationsspezifisch zu entscheiden und einen pragmatischen, flexiblen Umgang mit den Ambivalenzen zu entwickeln. Für manche Personen, Gruppen oder Institutionen steht aufgrund ihres Auftrags situationsübergreifend ein Schwerpunkt im Vordergrund. So ist es z. B. der Auftrag einer Gleichstellungsstelle, Benachteiligungen sichtbar zu machen und diese abzubauen. Eine Selbsthilfegruppe von Trans*personen verfolgt das Ziel, sich gegenseitig zu stärken und die Sichtbarkeit und Anerkennung von transgeschlechtlichen Menschen zu fördern. Eine universitäre Forschungsgruppe im Bereich Gender Studies mag ihren Fokus auf dekonstruktionstheoretische Analysen von Geschlecht legen. In der praktischen Arbeit ist es für eine produktive Auseinandersetzung jedoch unverzichtbar, dass trotz eigener Schwerpunktsetzung die Berechtigung der anderen Perspektiven nicht in Abrede gestellt und – unter Verweis auf die Widersprüche – die eigene Position absolut gesetzt wird.

1.6 Ausgrenzung, Diskriminierung und Gewalt

LSBTIQ* in ihrer Existenz unsichtbar zu machen oder als „Abweichende" an den Rand der Gesellschaft zu drängen (vgl. Kap. 1.5), stellt nur eine – wenn auch sehr bedeutende – Form der Diskriminierung dar. Darüber hinaus sind LSBTIQ*-Menschen allein aufgrund der Tatsache, dass sie in ihrer Geschlechtlichkeit oder sexuellen Orientierung die Heteronorm verletzen, von allen möglichen Formen von Gewalt bedroht, von verbalen Übergriffen bis hin zu massiven Formen körperlicher Gewalt.

Erfahren Menschen Ausgrenzung, Diskriminierung und Gewalt allein aufgrund ihres Geschlechts und ist diese Gewalt darauf gerichtet, sie in ihrer geschlechtlichen und sexuellen Integrität und Würde zu verletzen oder in ihren Entfaltungsmöglichkeiten einzuschränken, so wird dies als sexualisierte Gewalt[6] bezeichnet. In diesem Sinne sind Ausgrenzung, Diskriminierung und Gewalt gegen LSBTIQ* eine Form sexualisierter Gewalt.

Auch Menschen, die von ihrem Selbstverständnis her zur Gruppe der vermeintlich „Nor-

6 Eine präzisere Bezeichnung wäre „genderbasierte Gewalt". In der Fachliteratur und im alltäglichen Gebrauch hat sich jedoch die Bezeichnung „sexualisierte Gewalt" durchgesetzt.

malen" gehören, können sexualisierte Gewalt erfahren und zwar insbesondere dann, wenn ihnen „Andersartigkeit" unterstellt wird, weil sie von herrschenden Geschlechterklischees zu weit entfernt sind. So kann etwa ein Junge, dessen Verhalten oder Aussehen von seinen Mitschülern als „zu weiblich" angesehen wird, allein deshalb körperlich angegriffen oder als „Schwuli" beschimpft und ausgegrenzt werden.

Gewalt gegen eine Frau ist dann sexualisierte Gewalt, wenn die Frau diese allein aufgrund der Tatsache erfährt, dass sie eine Frau ist. Würde ihr Bruder in der gleichen Situation keine Gewalt erfahren? Wird diese Frage bejaht, so handelt es sich um sexualisierte Gewalt.

1.6.1 Strukturelle Gewalt

Sexualisierte Gewalt zeigt sich direkt z. B. als Beschimpfung, Übergriff und körperliche Gewalt oder indirekt als sogenannte strukturelle Gewalt. Auf der strukturellen Ebene liegt – im Sinne des Konzepts von Johan Galtung (1975) – sexualisierte Gewalt vor, wenn die Entfaltungsmöglichkeiten von Menschen aufgrund unserer binären hierarchischen Geschlechterkultur beschränkt werden. Gewalt ist alles, was diese Beschränkungen verstärkt oder ihren Abbau verhindert.

Damit handelt es sich um strukturelle Gewalt, wenn Frauen oder LSBTIQ* auf gesellschaftlicher Ebene Benachteiligungen erfahren, wenn z. B. Frauen bei gleicher Arbeit weniger verdienen, wenn lesbische und schwule Paare keine Kinder adoptieren dürfen, oder wenn intergeschlechtlichen und queeren Menschen kein Geschlechtseintrag im Personenstandsregister möglich ist, der ihrem Geschlecht entspricht.

Schon allein, wenn Menschen gezwungen werden, sich entgegen ihren Bedürfnissen in starre Geschlechternormen einzufügen, werden sie einzig aufgrund ihrer Geschlechtszuordnung in ihren Entfaltungsmöglichkeiten beschränkt. Folgerichtig spricht die Kulturwissenschaftlerin Mithu Sanyal (2017) davon, dass Sexismus schon dann vorliegt, „wenn wir von Menschen erwarten, dass sie sich gemäß ihrer Geschlechternorm verhalten". Sie betont, dass es ein alltägliches Phänomen sei, solche Erwartungen an andere Menschen zu stellen. Wir alle würden dies „jeden Tag machen, weil wir damit aufgewachsen sind". Diese Erwartungen, sich normkonform zu verhalten, seien „die Basis, auf der Sexismus beruht", und es gehe dabei vor allem „um problematische Strukturen im Denken" (Sanyal, 2017, S. 3).

Diese problematischen Strukturen im Denken werden Tag für Tag erzeugt und verfestigt. Die Verbreitung von Mythen über die Unterschiede zwischen den Geschlechtern, die Natürlichkeit und Selbstverständlichkeit von Heterosexualität, die Eindeutigkeit und Stabilität von Geschlecht, die Überlegenheit von Männern über Frauen sowie entsprechende Geschlechterbilder und „Normalitätsstandards" sind so alltäglich und teilweise so subtil, dass wir sie häufig gar nicht mehr wahrnehmen. Die so vermittelten „Normalitätsstandards" und Bilder konstituieren dann bereits vorbewusst wirkend Identitäten. Und sie produzieren damit auch Einstellungen anderen Menschen gegenüber sowie entsprechende Handlungsbereitschaften.

Strukturelle Gewalt schafft in diesem Sinne quasi „Gewalt auf Vorrat". Sie ist die Basis und der Nährboden für Ungleichheiten, alltägliche und allgegenwärtige Diskriminierungen sowie für direkte Formen sexualisierter Gewalt.

1.6.2 Direkte Formen sexualisierter Gewalt

Direkte Formen sexualisierter Gewalt fangen auf der verbalen Ebene an. Sexistische und homofeindliche Witze, Sprüche und Bezeichnungen wie z. B. Lesbe, Schwuler oder Zwitter sind ebenso wie entsprechende herabsetzende Gesten und Grenzverletzungen weit verbreitet. Aber auch körperliche Übergriffe bis hin zu massiven Formen körperlicher Gewalt gegen Frauen und LSBTIQ* sind keine Einzelfälle. Nicht erst die #MeToo-Bewegung hat aufgezeigt, in welchem Ausmaß Gewalt gegen Frauen weltweit existiert, auch repräsentative Studien belegen dies. Laut einer Studie im Auftrag der Weltgesundheitsorganisation WHO (2013) werden etwa ein Drittel aller Frauen weltweit Opfer von körperlicher oder sexueller Gewalt. Die im Auftrag des Bundesministeriums für Familie, Senioren, Frauen und Jugend erstellte Studie von Ursula Müller und Monika Schröttle (2004) weist ähnlich hohe Zahlen für Deutschland nach. In einer EU-weiten Studie (FRA, 2013) gab knapp die Hälfte (47 Prozent) aller befragten Lesben, Schwulen, Bi- und Trans*personen an, innerhalb des letzten Jahres persönlich Diskriminierung oder Belästigung aufgrund ihres Geschlechts bzw. ihrer sexuellen Ausrichtung erfahren zu haben, und ein Viertel berichtete davon, in den vergangenen fünf Jahren Opfer von Angriffen oder Gewaltandrohungen geworden zu sein. Auch in Deutschland weisen die bei der Polizei gemeldeten Fälle von sogenannter Hasskriminalität gegen LSBTIQ* auf ein erschreckendes Ausmaß an Gewalt auch gegen diese Personengruppen hin, wobei die Dunkelziffer der nicht gemeldeten Fälle sogar noch höher sein dürfte.

> *Einen Eindruck davon, in welche Situationen z. B. Schwule oder Menschen, die dafür gehalten werden, alltäglich geraten können, vermitteln die Beschreibungen in der Studie von Claudia Krell (2013). Darin schildert ein junger schwuler Erwachsener das Nachtleben in seinem Heimatort als manchmal regelrecht gefährlich. Er und sein Freund seien beispielsweise nach dem Besuch einer Schwulendisco auf dem Weg zum Hauptbahnhof von Angetrunkenen angepöbelt worden, obwohl sie beide sich nicht als Paar gezeigt hätten. Schließlich wurden sie von den Angetrunkenen verfolgt und mit Weinflaschen beworfen. Sie mussten zum Hauptbahnhof flüchten, wo sie sich sicherer fühlen konnten, da dort viele Menschen waren. (vgl. Krell, 2013, S. 37)*

Die Erfahrung von Diskriminierung, Ausgrenzung, Abwertung und körperlicher Gewalt oder allein die Angst davor führt dazu, dass Menschen sich in ihrer Entfaltung beschränken und sich gegen ihren Willen den Gesetzen der heteronormativen Ordnung unterwerfen. Dies kann sich in vielfacher Weise zeigen: Anpassung an herrschende Geschlechterklischees, obwohl sie der eigenen Persönlichkeit widersprechen; Unterwerfung unter den Anspruch „männlicher" Vorherrschaft; Verstecken des eigenen Lebens als LSBTIQ* hinter einer Fassade von bürgerlicher Normalität; Rückzug aus dem öffentlichen Raum und Beschränkung auf das Private usw. Je nach Umfeld und persönlicher Situation geschieht dies in unterschiedlichem Maße. Je massiver die Anpassungsleistungen jedoch sind, desto stärker tragen sie dazu bei, dass die Hierarchie der Geschlechterordnung verfestigt und LSBTIQ* in die Unsichtbarkeit gedrängt werden. Auf diese Weise schließt sich der Kreis: Sexualisierte Gewalt trägt dazu bei, die heteronormative Ordnung als eine Herrschaftsordnung zu stützen, in der die Hierarchie von Männern über Frauen und die Ausgrenzung von LSBTIQ* verankert sind. Umgekehrt ist genau dies die Basis und der Nährboden für sexualisierte Gewalt.

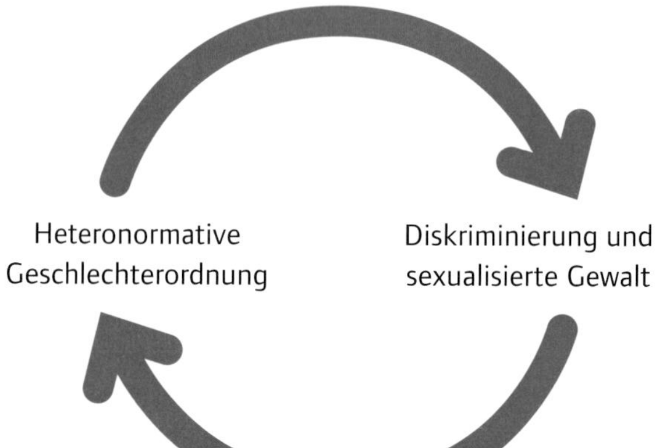

2 Geschlechtliche und sexuelle Vielfalt in der Schule

2.1 „Doing Gender" in der Schule

Der Prozess des „Doing Gender" hat für Kinder und Jugendliche auch heute noch höchste Priorität und bestimmt ihr Verhalten weit mehr, als es den meisten Lehrkräften bewusst ist. Zwar gibt es heute kaum noch Kinder und Jugendliche, die den alten, starren Mustern von „Weiblichkeit" und „Männlichkeit" entsprechen. Vielmehr lassen sich zahlreiche verschiedene, individualisierte Darstellungen vom eigenen Geschlecht beobachten. Dennoch darf dies nicht darüber hinwegtäuschen, dass es nach wie vor eine der zentralen Entwicklungsaufgaben von Kindern und Jugendlichen ist, sich in der binären Geschlechterordnung zurechtzufinden. Wie kann ich mich so inszenieren, dass ich ein „richtiger Junge" bzw. ein „richtiges Mädchen" bin? Inwieweit will ich den Geschlechterklischees entsprechen, inwieweit will ich das nicht? Welchen Verhaltens bedarf es, um der Geschlechterkategorie zugeordnet zu werden, die mir entspricht? All das sind Fragen und Auseinandersetzungen, mit denen alle Schüler_innen – insbesondere in der Pubertät – konfrontiert sind. Da niemand den Idealen von „Weiblichkeit" bzw. „Männlichkeit" dauerhaft und konsistent zu entsprechen vermag, müssen sich dabei alle Schüler_innen mit Dissonanzen und Unsicherheiten auseinandersetzen – wenn auch in unterschiedlicher Deutlichkeit und Stärke. Entfremdung, Irritation, Verunsicherung und Leiden sind umso offensichtlicher, je weniger ein_e Schüler_in sich in der heteronormativen Ordnung verorten will oder kann. Gerade LSBTIQ*-Schüler_innen haben nicht selten das Gefühl, aus der Gesellschaft herauszufallen, nicht dazuzugehören und der einzige Mensch auf der Welt zu sein, der so ist wie sie selbst.

Doch wie Birgit Palzkill (2017) beschreibt, kann auch für solche Schüler_innen, die die Normen der Geschlechterordnung in hohem Maße repräsentieren, das Bestreben, um jeden Preis einen Platz in der vorgegebenen Ordnung zu finden, mit erheblichen Beschränkungen ihrer Lern- und Entwicklungsmöglichkeiten verbunden sein.

So geraten etwa gerade diejenigen Jungen, die den Imperativ „männlicher" Überlegenheit und Stärke möglichst perfekt erfüllen wollen, nicht selten unter großen Druck. Für sie stellt die Erfahrung, Mädchen unterlegen zu sein, einen Angriff auf die eigene Geschlechtlichkeit dar, was als existenzielle Bedrohung empfunden wird. „Nicht wenige Jungen bauen vor diesem Hintergrund ein Selbstbild auf, das ihrer realen Größe nicht entspricht und das sie in eine permanente Überforderungssituation führt. Diese Überforderung kann – verbunden mit Frustrationen und psychischen Spannungen eine Eigenbehinderung beim Lernen bedingen, sodass das eigene Potenzial nicht ausgeschöpft wird" (Palzkill, 2017, S. 130). Beispielhaft seien hier einige den Lehrkräften meist gut bekannte Phänomene beschrieben:

„Jungen gelten häufig als faul und undiszipliniert bzw. es gilt als geradezu ‚männlich', sich in dieser Weise darzustellen. Faulheit und Undiszipliniertheit können jedoch die Funktion haben, Unterlegenheit zu kaschieren. Denn auf diese Weise lässt sich eine Illusion aufrechterhalten, die im Schülerjargon lautet: ‚Wenn ich nur wollte, wäre ich ja besser, aber ich will ja nicht.' Damit wird das Risiko vermieden, wahrnehmen zu müssen, dass man trotz Anstrengung unterlegen sein könnte. Auf diese Weise führt der Imperativ ‚männlicher Überlegenheit' dazu, dass das eigene Potenzial nicht ausgeschöpft werden kann. […]

Gerade leistungsschwächere Jungen vermeiden im Unterricht bisweilen die Beschäftigung mit ‚leichten' Aufgaben. Sie verweigern z. B., sich mit Vorübungen zu beschäftigen und wenden sich direkt komplexeren Aufgaben zu. Obwohl sie hieran scheitern, kann dies paradoxerweise die Funktion haben, Unterlegenheitserfahrungen zu umgehen. Denn so kann das Risiko vermieden werden, an einer leichten Aufgabe zu scheitern. Jungen, die so agieren, handeln nach dem Motto: ‚Ich habe die Aufgabe zwar nicht bewältigt, aber ich gehöre zu den Besten, zu denen, die sich den schwierigsten Aufgaben gestellt haben.' Auf diese Weise kann der Überlegenheitsimperativ gerade leistungsschwächeren Schülern die Möglichkeit verbauen, neue Lernerfahrungen zu machen.

Ein weiteres Beispiel stellt Gewalt von Jungen gegenüber Mädchen dar. Verbale Abwertungen bis hin zu körperlicher Gewalt werden von manchen Jungen nahezu willkürlich gegen Mädchen eingesetzt, um auf diese Weise ‚männliche' Überlegenheit und Stärke zu demonstrieren oder (wieder) zu erlangen." (Palzkill, 2017, S. 130)

Auch für Mädchen kann das Bestreben, herrschenden Weiblichkeitsklischees zu entsprechen, zu gravierenden Einschränkungen führen. Mädchen sollen neben den klassisch „weiblichen" heute auch klassisch „männliche" Fähigkeiten und Eigenschaften entwickeln. Ein gravierendes Problem ergibt sich für Mädchen jedoch daraus, dass die sogenannten männlichen Eigenschaften nach wie vor im Widerspruch zu herrschenden Weiblichkeitsklischees stehen. Mädchen können hierdurch in fast unlösbare Widersprüche und Ambivalenzen geraten. Auf der einen Seite steht das Bedürfnis nach Erfolg, Leistung, Stärke und auf der anderen Seite das Bedürfnis, als Frau Anerkennung zu finden. Diese Widersprüchlichkeit und die hiermit verbundene innere Zerrissenheit können schulisch insbesondere in „männlich" konnotierten Fächern wie den MINT-Fächern und im Sport von Bedeutung sein. Löst eine Schülerin diese Ambivalenz zugunsten der Weiblichkeitskonstruktion auf, so schmälert dies ihre Bereitschaft, das eigene Wissen und die eigene Leistung zum Ausdruck zu bringen.

Shutterstock / Monkey Business Images

„Einen plastischen Eindruck für die Zerrissenheit, die Mädchen erfahren können, gibt die Schilderung eines Vaters, dessen Tochter die 4. Klasse der Grundschule besucht. Er berichtete ziemlich entsetzt über ein Gespräch seiner Tochter mit ihren Schulfreundinnen, dessen Zeuge er wurde. Es ging um die Frage, wie man sich einem Jungen nähern könne, den man ‚süß' findet. Seine Tochter war zu ihrem Angebeteten hingegangen und hatte ihn – leider erfolglos – gefragt, ob sie ihm bei seinen Aufgaben helfen solle. Ihre Freundinnen klärten sie nun darüber auf, dass diese Strategie völlig falsch gewesen sei. Man müsse vielmehr im Unterricht gucken, dass man mit dem betreffenden Jungen zunächst in eine Kleingruppe käme. Danach solle sie sich neben ihn setzen und ihn fragen: ‚Kannst du mir das mal erklären?' – auch dann, wenn sie wisse, dass sie es selbst besser könne. Schließlich ginge es ja in dieser Situation nicht um die Lösung der Aufgaben." (Palzkill, 2017, S. 132)

2.2 Diskriminierung und Gewalt im schulischen Alltag

Die zuvor für die Gesellschaft allgemein konstatierten Formen von Diskriminierung und sexualisierter Gewalt finden sich auch im schulischen Alltag wieder. Sexualisierte Gewalt trifft dabei sowohl Schüler_innen als auch Lehrkräfte.

2.2.1 Gewalt gegen Lehrkräfte

Gewalt gegen Lehrkräfte wird in den letzten Jahren zwar zunehmend thematisiert, doch der Aspekt der sexualisierten Gewalt bleibt meist ausgeklammert und ist noch ein äußerst tabuisiertes Thema. Dabei sind beispielsweise sexistische Äußerungen von Schüler_innen gegenüber Lehrerinnen keinesfalls Einzelfälle, wie immer wieder deutlich wird, wenn Lehrerinnen die Möglichkeit haben, sich in einem geschützten Raum auszutauschen. Bis auf wenige qualitative Studien zum Sportunterricht existieren jedoch keine wissenschaftlichen Studien zum Thema sexualisierte Gewalt gegen Lehrerinnen (Firley-Lorenz, 1997; Palzkill/Scheffel, 1996; Klein/Palzkill, 1998). Bei einer Befragung von LSBTIQ*-Lehrkräften der Antidiskriminierungsstelle des Bundes (2017) gab ein Drittel der Befragten an, in den letzten zwei Jahren Diskriminierungen in der Schule erfahren zu haben, weil sie lesbisch, schwul, bisexuell, trans*, intergeschlechtlich oder queer sind. Dabei sagten neun von zehn Lehrkräften, dass dies mehr als einmal geschehen und mit gravierenden Auswirkungen verbunden gewesen sei. Die Tatsache, dass eine Lehrkraft z. B. lesbisch oder schwul ist, ist in den meisten Fällen in der Schule allerdings gar nicht sichtbar. Die Mehrzahl der betroffenen Lehrkräfte vermeidet es, sich insbesondere Schüler_innen und Eltern gegenüber als LSBTIQ* zu erkennen zu geben, und zeichnet in der Schule ein Bild von sich selbst, das die Heteronorm erfüllt (Antidiskriminierungsstelle des Bundes, 2017, S. 15). Inwieweit solche Ängste begründet sind, lässt sich im Einzelfall schwer einschätzen. Die Erfahrungen zeigen, dass die Reaktion auf das Coming-out einer Lehrkraft in der Schule in manchen Fällen sehr positiv und unterstützend ist. In anderen Fällen waren Lehrkräfte jedoch Diskriminierungen und Gewalt ausgesetzt, die in Einzelfällen bis hin zu massiven körperlichen Angriffen reichten.

2.2.2 Gewalt von Lehrkräften gegen Schüler_innen

Berichte darüber, dass Lehrkräfte sich Schüler_innen gegenüber sexistisch verhalten, sie in ihrer Geschlechtlichkeit abwerten oder aufgrund ihrer sexuellen Orientierung diskriminieren, zählen ebenfalls nicht zu den absoluten Einzelfällen. So wurde in der sogenannten SPEAK-Studie (Maschke/Stecher, 2018), die „sexualisierte Gewalt in der Erfahrung Jugendlicher" unabhängig von deren sexueller oder geschlechtlicher Orientierung untersucht hat, immerhin in einem Prozent der Fälle eine Lehrkraft als die Person benannt, die nicht-körperliche sexualisierte Gewalt ausgeübt hat. Auch wenn die Häufigkeit in Relation zu den Fällen, in denen Mitschüler_innen als Täter_innen benannt wurden (48 Prozent), als nicht sehr hoch erscheint, sind die Auswirkungen in zweifacher Hinsicht schwerwiegend. Aufgrund des Machtgefälles und der Autorität der Lehrkraft können sie eine besonders zerstörerische Wirkung auf die Entwicklung der betroffenen Kinder und Jugendlichen haben. Darüber hinaus wirken sie als negatives Vorbild, strahlen äußerst negativ auf das Schulklima aus und konterkarieren Maßnahmen der Gewaltprävention (vgl. Kap. 8).

2.2.3 Gewalt unter Schüler_innen

Am häufigsten spielt sich sexualisierte Gewalt im schulischen Alltag zwischen den Schüler_innen ab. Die Formen dieser Gewalt lassen sich auf einem Kontinuum anordnen. Auf der einen Seite finden sich verbale Abwertungen, wie z. B. „Hure", „Weichei", „Schwuli" oder „Lesbe", die im Unterricht oder in den Pausen zugerufen oder zugezischt werden sowie entsprechende Gesten. Hinzu kommen Grenzverletzungen und körperliche Übergriffe (in der Sprache der Schüler_innen „Begrapschen" oder „Betatschen" genannt). Die andere Seite des Kontinuums bilden leichte Formen sexueller Nötigung bis hin zu massiven strafrechtlich relevanten Formen sexueller Gewalt.

Wie oft welche Arten von Gewalt unter den Schüler_innen dabei in der Schule auftreten, lässt sich nicht genau sagen, da keine expliziten quantitativen Untersuchungen hierüber vorliegen. Einen Anhaltspunkt bietet die bereits erwähnte SPEAK-Studie (Maschke/Stecher, 2018), für die Jugendliche unabhängig von Geschlecht und sexueller Orientierung befragt wurden. In dieser Studie geben 41 Prozent der Mädchen und 26 Prozent der Jungen an, Erfahrungen mit nicht-körperlicher sexualisierter Gewalt zu haben und bereits durch sexuelle Kommentare oder Witze beleidigt worden zu sein. 26 Prozent der Jungen geben an, schon einmal als schwul beschimpft worden zu sein (16 Prozent der Mädchen als lesbisch). Dabei steht die Schule in der Liste der Orte, an denen nicht-körperliche sexualisierte Gewalt stattfindet, an erster Stelle (51 Prozent).

Unabhängig von diesen quantifizierenden Ergebnissen weisen auch qualitative Studien aus den letzten dreißig Jahren (Klein/Palzkill, 1998; Scheffel, 1996; Kavemann, 1992) darauf hin, dass dem Thema der sexualisierten Gewalt in der Schule eine wesentlich größere Bedeutung zukommt, als dies gemeinhin angenommen wird.

2.2.4 Auswirkungen sexualisierter Gewalt

Sexualisierte Gewalt kann für Kinder und Jugendliche zu gravierenden Einschränkungen ihrer Entfaltungs- und Entwicklungsmöglichkeiten führen, wenn auch in unterschiedlicher Form.

Vor allem Mädchen neigen eher dazu, die erfahrene Abwertung zu internalisieren und die Zuschreibung der Unterlegenen, „Schwachen", „Hilflosen" für sich selbst anzunehmen. Sie gehen dann mit zunehmendem Alter dazu über, sexistische Angriffe als „normal" hinzunehmen, und schützen sich, indem sie die Übergriffe so weit wie möglich aus der eigenen Wahrnehmung ausblenden.

In der Studie von Michael Klein und Birgit Palzkill (1998) verdeutlicht ein Interviewauszug mit zwei Siebtklässlerinnen dies in eindrucksvoller Weise. Die Interviewerin nennt konkrete Beispiele für verbale sexistische Anmache und fragt die Schülerinnen, ob sie so etwas auch schon erlebt haben. Beide Schülerinnen verneinen dies, bevor sie hinzufügen: „Ja, wissen Sie, bei uns, da war das schon in der 5. Klasse so mit solchen Sprüchen, deshalb ist das nicht so." (Klein/Palzkill, 1998, S. 32). Erklärend fügen sie noch hinzu, dass sie deshalb „daran gewöhnt" seien. Sie hörten einfach nicht mehr hin und deshalb mache es ihnen auch nichts mehr aus. Auf Nachfrage bestätigen sie zwar, dass es ohne die Sprüche schöner wäre, aber da könne „man ja nichts machen". Sie würden „einfach weghören" und dann sei es „ja auch nicht mehr so schlimm" (ebd.).
Sexualisierte Gewalt wird auf diese Weise von den Mädchen selbst unsichtbar gemacht und als Normalität internalisiert.

Für Jungen liegt es eher nahe, einen Schutz vor sexualisierter Gewalt darin zu suchen, sich in das in der heteronormativen Ordnung verankerte Muster „männlicher" Überlegenheit einzupassen, sich aus Angst vor Ausgrenzung auf die Seite der Angreifer zu schlagen und selbst Gewalt auszuüben, um eigene Überlegenheit und Stärke zu demonstrieren.

Der schwule Autor Didier Eribon (2016) beschreibt das sehr plastisch in seinem Buch „Rückkehr nach Reims", wenn er schreibt:

„Mit zwei oder drei Klassenkameraden mokierte ich mich über einen Jungen, der uns ‚verweiblicht' vorkam und den wir als ‚Tunte' beschimpften. Indem ich ihn beleidigte, beleidigte ich eigentlich mich selbst. … Aber alles drängte mich dazu, meine Zugehörigkeit zur Welt der ‚Normalen' unter Beweis zu stellen und der Gefahr, dass ich aus ihr ausgeschlossen werden könnte, zuvorzukommen." (Eribon, 2016, S. 193)

Weniger prosaisch, aber nicht minder deutlich, drückte ein Schüler der 12. Klasse dies in einem Gespräch mit der Autorin folgendermaßen aus: „Viele, die Mädchen anmachen oder solche Sprüche loslassen (sexualisierte Abwertungen von Jungen, B.P.), machen das nur, damit sie nicht selbst angemacht werden und damit keiner auf die Idee kommt, sie könnten selbst so einer sein." (Palzkill, 2017b, S. 271)

Im Ergebnis werden für Jungen wie für Mädchen die einengenden, hierarchischen Geschlechterklischees der heteronormativen Ordnung verfestigt bzw. mittels sexualisierter Gewalt immer wieder neu hergestellt.

2.3 Die besondere Verletzlichkeit von LSBTIQ*-Schüler_innen

Diskriminierungen, Abwertungen und Gewalt treffen LSBTIQ*-Schüler_innen in besonderer Weise. Die gesellschaftliche Existenz von LSBTIQ* wird in der Schule selten thematisiert und spiegelt sich auch wenig in Unterrichtsinhalten und Schulbüchern wider (siehe Bittner, 2011). Das Internet bietet Kindern und Jugendlichen heutzutage zwar viele Informationsmöglichkeiten, dennoch ist ihr Wissensstand über vielfältige geschlechtliche und sexuelle Lebensweisen gering und eher von klischeehaften und abwertenden Vorstellungen geprägt. Schüler_innen, die sich selbst als lesbisch, schwul, bisexuell, trans*, inter* oder queer identifizieren, stehen damit oftmals allein und glauben häufig, der einzige Mensch zu sein, der so fühlt wie sie selbst. Begriffe, die ihre Weise zu sein kennzeichnen, haben sich auf den Schulhöfen und in den Klassenzimmern als Schimpfwörter etabliert, die generell für Minderwertiges und Negatives stehen. Ein schwuler Pass beim Fußballspielen meint einen schlechten Pass. Ist eine Farbe schwul, so heißt das, dass sie schlecht aussieht, egal ob es sich um Blau-, Gelb- oder Rottöne handelt. „Schwule Sau" und „alte Lesbe" werden nach einer Studie der Berliner Humboldt-Universität von 60 bzw. 40 Prozent der Schüler_innen in der 6. Klasse noch immer als Schimpfwort benutzt (Klocke, 2012).

Es stellt eine große Herausforderung dar, vor diesem Hintergrund eine positive Haltung zur eigenen Person zu entwickeln. Entsprechend hoch sind für viele betroffene Jugendliche die Selbstzweifel und die Befürchtungen, mit anderen über ihr Geschlecht oder ihre sexuelle Orientierung zu sprechen. Nach einem Bericht der EU-Kommission gegen Rassismus und Intoleranz (2013) haben 73 Prozent der Schüler_innen, die lesbisch, schwul, bisexuell oder trans* sind, in der Schule noch nie offen über ihre sexuelle oder geschlechtliche Orientierung gesprochen. 64 Prozent haben negative Kommentare über ihre Klassenkameraden gehört, die als LGBTIQ* wahrgenommen werden (EU-Kommission gegen Rassismus und Intoleranz, 2013, S. 37).

Schaffen Jugendliche es, sich trotz dieser Widerstände und Abwertungen in ihrer eigenen Geschlechtlichkeit und sexuellen Orientierung zu finden, so liegt ein zweites Hindernis in der Regel darin, diese nach außen zu zeigen. In der Coming-out-Studie des Deutschen Jugendinstituts (Krell/Oldemeier, 2015) gaben 69,4 Prozent der Befragten an, Sorge vor einer Ablehnung durch Familienmitglieder zu haben, und 60,5 Prozent befürchteten Probleme an Schulen und Ausbildungsorten (ebd., S. 13). Dass diese Befürchtungen nicht unberechtigt sind, zeigte sich darin, dass mehr als die Hälfte der Befragten (54,8 Prozent) davon berichteten, nach ihrem Coming-out „beschimpft, beleidigt oder lächerlich gemacht" worden zu sein (ebd., S. 22).

Je weniger LSBTIQ*-Schüler_innen vor solchen Diskriminierungen geschützt werden und je weniger Unterstützung sie erfahren, desto schwieriger ist es, vor diesem Hintergrund eine positive, selbstbewusste Persönlichkeit zu entwickeln. Die Gefahr, die Spannungen und Verletzungen nicht bewältigen zu können, ist entsprechend hoch und findet ihren Ausdruck in den Statistiken. Das Suizidrisiko ist bei schwulen, lesbischen und bisexuellen Schüler_innen ebenso wie bei transgeschlechtlichen Jugendlichen deutlich erhöht (Hatzenbuehler, 2011; HES/MAG-LGBT Youth, 2009).

2.4 Ziele einer geschlechterbewussten inklusiven Pädagogik

Geschlechterbewusste inklusive Pädagogik hat das Ziel, Schüler_innen bei ihrer Auseinandersetzung mit der herrschenden Geschlechterordnung so zu unterstützen, dass sie sich umfassend entwickeln können und unabhängig von Geschlecht und sexueller Orientierung in der Schule in ihrer Eigenart anerkannt und unterstützt werden.

Diese Zielsetzung umfasst verschiedene Teilziele[7], die zusammenhängen und sich gegenseitig bedingen:

- Überwindung einengender hierarchischer Geschlechterbilder,
- Vermittlung von Wissen über die Vielfältigkeit und Fluidität von Geschlecht,
- Entwicklung der Fähigkeit, mit Mehrdeutigkeiten und Ambivalenzen umzugehen,
- Schutz vor Diskriminierung und sexualisierter Gewalt.

7 Diese Zielsetzungen decken sich im Wesentlichen mit den Zielen der geschlechterbewussten Pädagogik (siehe z. B. Rendtorff, 2018; Glockentöger/Adelt, 2017) sowie der Antigewalt- und Antidiskriminierungsarbeit.

2.4.1 Überwindung einengender hierarchischer Geschlechterbilder

Bevor Kinder und Jugendliche in die Schule kommen, haben sie in der Regel die herrschende, binäre Geschlechterordnung mit ihren Idealbildern von „Weiblichkeit" und „Männlichkeit" als Selbstverständlichkeit verinnerlicht. Wie in Kapitel 2.1 beschrieben, führen ihre Versuche, sich in dieser Ordnung wiederzufinden, in der Praxis jedoch zu teilweise massiven Beeinträchtigungen bei der Entwicklung ihrer Persönlichkeit, ihrer Interessen und Kompetenzen. Schule hat daher die Aufgabe, die in den einengenden hierarchischen Geschlechterbildern transportierten Normalitätsstandards zu hinterfragen oder doch zumindest nicht zu reproduzieren bzw. zu verstärken. Insbesondere geht es darum, Geschlechternormen zu hinterfragen und abzubauen,

- die Jungen dem Druck aussetzen, Stärke, Überlegenheit, Härte, die Abspaltung von Sensitivität und Schmerzempfindlichkeit sowie einen rein funktionalen Körperbezug zu entwickeln,
- in denen Frau-Sein sich im Wesentlichen in Bezug zum Mann definiert und einseitig fokussiert auf Beziehungsfähigkeit, Sensitivität, Abhängigkeit, Schwäche und einen Körperbezug, der Schönheit und die äußere Wirkung in den Vordergrund stellt.

2.4.2 Wissen über die Vielfältigkeit und Fluidität von Geschlecht

Über die Veränderung und Modifikation solcher Geschlechternormen hinaus liegt ein weitergehendes Ziel geschlechterbewusster inklusiver Pädagogik darin, Wissen über die Vielfältigkeit von Geschlecht und dessen Fluidität und Brüchigkeit zu vermitteln (siehe Kap. 1). Schüler_innen sollen wissen, dass sie mit erfahrenen Unsicherheiten und Fragen bezüglich ihrer eigenen Geschlechtlichkeit und sexuellen Orientierung nicht allein sind, sondern dass Fragen, Auseinandersetzungen und Widersprüche „normal" sind und letztlich alle – wenn auch in unterschiedlichem Ausmaß – betreffen. Dieses Wissen über Geschlecht und Geschlechterverhältnisse stellt eine Voraussetzung dafür dar, um Einengungen der eigenen Persönlichkeit durch Geschlechternormen überhaupt als solche zu identifizieren und sich aktiv damit auseinanderzusetzen.

2.4.3 Fähigkeit zum Umgang mit Mehrdeutigkeiten und Ambivalenzen

Wissen allein reicht allerdings hierzu nicht aus. Es braucht zudem die Fähigkeit, Mehrdeutigkeiten, Unsicherheiten und Irritationen auszuhalten beziehungsweise mit ihnen umzugehen – sowohl bezogen auf die eigene Person als auch auf das Geschlecht und die sexuelle Orientierung anderer. Die Fähigkeit, Ambivalenzen und Unsicherheiten auszubalancieren ist generell – unabhängig vom spezifischen Inhalt – Ziel einer Pädagogik der Vielfalt. Je einfacher es Schüler_innen fällt, sich nicht auf Eineindeutigkeit und Zuordnung zu festen Kategorien z. B. in der Musik, der Kunst, der Kultur, der Sprache zu fokussieren, desto weniger sind sie anfällig für vereinfachende Kategorisierungen in anderen Bereichen. Dies gilt insbesondere für geschlechtliche Fluidität und Vielfalt. Erst die Fähigkeit zu Mehrperspektivität und Ambivalenztoleranz schafft die Basis dafür, die eigene Geschlechtlichkeit selbstbestimmt und in Einklang mit der eigenen Persönlichkeit zu entwickeln sowie andere in ihrer je spezifischen Existenzweise zu akzeptieren. Ob das Ergebnis eines individuellen Entwicklungsprozesses zu einer hohen oder weniger hohen Übereinstimmung mit herrschenden Idealen von „Männlichkeit" und „Weiblichkeit" führt, ist dabei nicht wesentlich. Es geht eben nicht um die Anpassung an vorgegebene Normen oder deren Negierung, sondern um größtmögliche Selbstbestimmung und Kompetenz bei der Auseinandersetzung mit herrschenden Geschlechterbildern und Normen.

2.4.4 Schutz vor Diskriminierung und sexualisierter Gewalt

Schule hat die Aufgabe, den in den Kapiteln 1.6 und 2.2 dargestellten Formen von Diskriminierung und sexualisierter Gewalt entgegenzutreten und Schüler_innen ebenso wie Lehrkräfte und anderes Schulpersonal vor Diskriminierung und Gewalt zu schützen. Für die präventive Arbeit sind dabei die bereits beschriebenen drei Zielsetzungen relevant, die sich auf die Dimension der strukturellen Gewalt (vgl. Kap. 1.6.1) beziehen. Für die interventive Arbeit ist es wichtig zu beachten, dass die direkten Formen von Diskriminierung und sexualisierter Gewalt oftmals versteckt in den Pausen, auf dem Schulhof oder hinter dem Rücken der Lehrkräfte stattfinden und zudem auch von Lehrkräften nicht selten bagatellisiert, für „normal" gehalten oder ignoriert werden (siehe Klocke, 2012; Klein/Palzkill, 1998). Das erste Ziel der Antidiskriminierungsarbeit ist es daher, Diskriminierungen und sexualisierte Gewalt überhaupt wahrzunehmen und sie als solche zu identifizieren. Darauf aufbauend geht es im zweiten Schritt darum, Handlungsstrategien auf systemischer sowie individueller Ebene zu entwickeln, um gegen Diskriminierungen und sexualisierte Gewalt intervenieren zu können und sie so weit wie möglich zu verhindern (siehe Kap. 8).

Shutterstock / wavebreakmedia

3 Rechtlicher Schutz geschlechtlicher und sexueller Vielfalt

Schulen tragen Verantwortung dafür, dass Schüler_innen vor Diskriminierungen geschützt werden. Sie haben den Auftrag, vorhandene Diskriminierungen zu beseitigen und eine diskriminierungsfreie Erziehung in geschlechtlicher und sexueller Vielfalt zu ermöglichen. Das Grundgesetz und die Landesverfassungen, aber auch völkerrechtliche Vorgaben aus verschiedenen internationalen Übereinkommen und schließlich die Schulgesetze der Länder verlangen eine solche diskriminierungsfreie Teilhabe am Bildungssystem und verankern den Schutz vor Diskriminierungen während des Schulbesuchs. Lehrer_innen, Schulleiter_innen und Schulaufsicht sind durch die staatliche Verantwortung für Bildung und Erziehung an diese rechtlichen Vorgaben gebunden.

3.1 Verfassungsrechtlicher Diskriminierungsschutz

Im Kontext von Geschlecht und sexueller Orientierung sind insbesondere das allgemeine Persönlichkeitsrecht – Art. 2 I Grundgesetz (GG) in Verbindung mit Art.1 I GG – und der allgemeine und besondere Gleichheitssatz des Art. 3 GG von Bedeutung.

Art. 3 Grundgesetz (GG)

I. Alle Menschen sind vor dem Gesetz gleich.

II. Männer und Frauen sind gleichberechtigt. Der Staat fördert die tatsächliche Durchsetzung der Gleichberechtigung von Frauen und Männern und wirkt auf die Beseitigung bestehender Nachteile hin.

III. Niemand darf wegen seines Geschlechtes, seiner Abstammung, seiner Rasse, seiner Sprache, seiner Heimat und Herkunft, seines Glaubens, seiner religiösen oder politischen Anschauungen benachteiligt oder bevorzugt werden. Niemand darf wegen seiner Behinderung benachteiligt werden.

Art. 2 I i. V. m. Art 1 I GG – allgemeines Persönlichkeitsrecht

Jeder hat das Recht auf die freie Entfaltung seiner Persönlichkeit, soweit er nicht die Rechte anderer verletzt und nicht gegen die verfassungsmäßige Ordnung oder das Sittengesetz verstößt. Die Würde des Menschen ist unantastbar. Sie zu achten und zu schützen ist Verpflichtung aller staatlichen Gewalt.

3.1.1 Schutz des Geschlechts – Mann, Frau, Divers*

Das Grundgesetz schützt alle Geschlechter, das männliche und weibliche Geschlecht genauso wie das Geschlecht derjenigen Menschen, die sich keiner der beiden Geschlechterkategorien Mann/Frau zuordnen, vor Diskriminierungen.

Es gehört zur grundrechtlich geschützten freien Entfaltung der Persönlichkeit eines Menschen, sein Geschlecht leben zu können. Das Bundesverfassungsgericht versteht das Geschlecht als konstituierenden Teil der Persönlichkeit eines Menschen, da die Zugehörigkeit zu einem bestimmten Geschlecht eine zentrale Rolle spielt sowohl für das Selbstverständnis einer Person als auch für die Wahrnehmung dieser Person durch andere Menschen.[8] In seiner Entscheidung aus dem Jahr 2017 hat das Gericht hierzu grundlegende Ausführungen gemacht: Danach darf kein Mensch dazu gezwungen werden, ein Geschlecht registrieren zu lassen, wenn er sich weder dem weibli-

8 BVerfG, v. 10.10.17, 1 BvR 2019/16.

chen noch dem männlichen Geschlecht zuordnet. Eine solche Einordnung verletzt sowohl das Recht auf Gleichbehandlung i. S. d. Art. 3 III GG als auch das allgemeine Persönlichkeitsrecht. Der Begriff des „Geschlechts" in Art. 3 III GG kann ebenso ein Geschlecht jenseits von männlich oder weiblich sein. Um diese Rechtsverletzung zu beseitigen, hat der Bundestag am 13. Dezember 2018 einen entsprechenden Gesetzentwurf verabschiedet, der neben der Eintragung des Geschlechts als männlich oder weiblich die Eintragung ohne eine solche Angabe oder mit der Angabe „divers" vorsieht.[9]

3.1.2 Schutz der sexuellen Orientierung

Das Grundgesetz schützt Menschen vor Benachteiligung aufgrund ihrer sexuellen Orientierung. Zwar wird diese Kategorie nicht ausdrücklich in Art. 3 III GG erwähnt, sie unterliegt aber einem ähnlichen grundrechtlichen Diskriminierungsschutz. Die sexuelle Orientierung eines Menschen ist ein Persönlichkeitsmerkmal, das mit den ausdrücklich benannten Merkmalen (Geschlecht, Rasse, Religion ...) vergleichbar ist und bei dem die Gefahr besteht, dass es zur Diskriminierung einer Minderheit kommt, wenn mit diesem Merkmal unterschiedliche Behandlungen verknüpft werden.[10]

Vor diesem Hintergrund lehnte 2011 eine Mehrheit im Deutschen Bundestag die ausdrückliche Aufnahme des Merkmals der sexuellen Identität in den Kanon des Art. 3 III GG ab, denn der damit angestrebte Schutz vor Diskriminierungen aufgrund der sexuellen Identität eines Menschen sei rechtlich bereits verwirklicht.[11] *Befürworter einer ausdrücklichen Aufnahme des Merkmals in die Verfassung begründen dies hingegen damit, dass eine verfassungsrechtliche Gewährleistung weiter reichen und eine größere Sicherheit vermitteln würde als die Entscheidung eines Gerichts.*

Gleichberechtigung von Männern und Frauen

Im Unterschied zu den Diskriminierungsverboten fordert das Grundgesetzes in Art. 3 II hinsichtlich der Gleichberechtigung von Männern und Frauen „mehr" – nämlich die ausdrückliche Förderung der Gleichberechtigung durch den Staat, um strukturelle Diskriminierung abzuschaffen und die gleichberechtigte Teilnahme an der politischen Willensbildung und im Arbeitsleben (z. B. durch Frauenquoten) zu ermöglichen.

3.2 Reichweite des grundrechtlichen Schutzes

3.2.1 Funktion der Grundrechte

Grundrechte sind den einzelnen Menschen zustehende übergeordnete Rechte, die in der Verfassung verankert sind. Es handelt sich um individuelle Rechtspositionen, die – bis auf wenige Ausnahmen (Versammlungsfreiheit zum Beispiel ist ein Grundrecht, das sich nur auf deutsche Staatsangehörige erstreckt) – jedem Menschen zustehen. An diese Grundrechte ist jeder Teil der staatlichen Gewalt, Gesetzgebung, Rechtsprechung und Verwaltung gebunden (Art. 1 II GG). Die Grundrechte stehen in der Hierarchie unserer Rechtsordnung an oberster Stelle – unabhängig davon gilt für die Bereiche, in denen Deutschland Kompetenzen an die Europäische Union abgegeben hat, dass europäisches Recht vorrangig anzuwenden ist.

Grundrechte sollen den Einzelnen vor Eingriffen des Staates in seine Freiheitssphäre schützen. So konnten diejenigen Personen, deren Persönlichkeitsrecht z. B. durch das alte Personenstandsrecht verletzt wurde, gegen diese staatliche Regelung klagen. Im modernen Sozialstaat ist zudem die Bedeutung der Teilhabe an den Gewährleistungen des Staates gewach-

9 § 22 III PStG, § 45b PStG.

10 BVerfGE 124, 199, 88.

11 BT-Drs. 17/4775, S. 5.

sen: Je mehr sich der Staat in der sozialen Sicherung und kulturellen Förderung seiner Bürger_innen engagiert, umso mehr entstehen aus diesem Engagement Rechte der einzelnen Bürger_innen auf Teilhabe an den staatlichen Leistungen. Da, wo der Staat Leistungen anbietet, so das Bundesverfassungsgericht in Bezug auf den Bereich der Hochschulbildung, folgt daraus ein Recht von Bürger_innen, an der damit gebotenen Lebenschance prinzipiell gleichberechtigt beteiligt zu werden.[12] Somit besteht auch ein Recht auf gleichberechtigte Teilhabe am staatlichen Schulwesen. Die bereits angesprochenen Gleichheitsrechte haben das Ziel, dass die öffentliche Gewalt sich in gleichgelagerten Fällen auch gleich verhält und nur zulässige Differenzierungskriterien anwendet.

3.2.2 Schutz vor Diskriminierungen durch Lehrkräfte

Schule trägt ihren Teil der Verantwortung im staatlichen System – Lehrer_innen, Schulleiter_innen und Schulaufsichtsbeamt_innen müssen die grundrechtlich verbürgten Freiheits- und Gleichheitsrechte der Schüler_innen und ihrer Eltern beachten.[13] Weder Lehrer_innen noch Schulleiter_innen und Schulaufsichtsbeamt_innen dürfen Schüler_innen diskriminieren. Die Schule stellt einen besonderen Teil der „staatlichen Gewalt", der Verwaltung, dar, daher unterliegen die dort Beschäftigten auch den Verpflichtungen, die sich aus der Ausübung eines staatlichen Amtes ergeben.

Nach Art. 7 des Grundgesetzes unterliegt das gesamte Schulwesen in Deutschland der staatlichen Aufsicht. Damit ist der Staat zuständig für die Bildungs- und Erziehungsziele – diese staatlichen Erziehungsziele stehen gleichberechtigt neben den elterlichen Erziehungsrechten.[14] Das Bundesverfassungsgericht hat hierzu schon in den Siebzigerjahren ausgeführt, dass die in Art. 7 GG begründete Schulaufsicht des Staates die Befugnis zur Planung und Organisation des Schulwesens umfasst. Zu diesem staatlichen Gestaltungsbereich gehört aber nicht nur die organisatorische Gliederung der Schule, sondern auch die inhaltliche Festlegung der Ausbildungsgänge und der Unterrichtsziele. Der Staat kann daher, so das Bundesverfassungsgericht, in der Schule grundsätzlich unabhängig von den Eltern eigene Erziehungsziele verfolgen. Der allgemeine Auftrag der Schule zur Bildung und Erziehung der Kinder ist dem Elternrecht nicht nach-, sondern gleichgeordnet. Weder dem Elternrecht noch dem Erziehungsauftrag des Staates kommt ein absoluter Vorrang zu.[15] Die zur Konkretisierung dieses staatlichen Erziehungsauftrags erlassene Schulpflicht zeigt sehr deutlich, dass das Klassenzimmer ein Ort ist, an dem der Staat exekutive Befugnisse anwendet.

3.2.3 Schutz vor Diskriminierungen durch Dritte

Die Grundrechte schützen auch Schüler_innen vor Eingriffen anderer Schüler_innen oder Eltern in ihre Rechte. Der Staat muss durch geeignete Maßnahmen Verletzungen des jeweiligen Schutzgutes verhindern und sich „schützend vor die Grundrechte stellen". Dies gilt umso mehr, als die zu schützenden Schüler_innen aufgrund der Schulpflicht keine Möglichkeit haben, sich dem Konflikt zu entziehen.

So hat das Bundesverfassungsgericht im sogenannten „Kruzifix-Urteil" für das Grundrecht auf (negative) Religionsfreiheit entschieden, dass den Staat in Bereichen, die er nicht der gesellschaftlichen Selbstorganisation überlassen hat, sondern in denen er selbst als verantwortlicher Träger tätig ist, eine besondere

12 BVerfGE 33, 303.

13 OVG NRW v. 22.12.2011, 19 A 610/10, „Krabat"-Entscheidung.

14 BVerfG v. 21.12.1977, 1 BvL 1/75, 1 BvR 147/75.

15 BVerfG, v. 21.4.1989, 1 BvR 235/89.

Pflicht trifft, dem einzelnen Menschen einen Freiraum zu gewährleisten, in dem er seine Persönlichkeit geschützt vor Angriffen Dritter auf seine Grundrechte entfalten kann.[16] *Dem bayrischen Staat wurde daher verboten, in den staatlichen Klassenzimmern Kruzifixe aufzuhängen.*

Damit muss die Schule auch sicherstellen, dass Schüler_innen nicht durch Mitschüler_innen diskriminiert werden. Allerdings hat der Staat regelmäßig einen weiten Entscheidungsspielraum bei der Wahl der Maßnahmen zum Schutz vor Grundrechtsverletzungen.

3.3 Landesverfassungen

Die meisten Landesverfassungen haben ein Recht auf Bildung aufgenommen und viele benennen Bildungs- und Erziehungsziele. Einige Bundesländer beziehen sich dabei ausdrücklich auch auf die Regelungen des Grundgesetzes zur Gleichbehandlung und zum Benachteiligungsverbot aufgrund von Geschlecht, Religion, Herkunft usw. Mehrere Bundesländer haben darüber hinaus ausdrücklich den Schutz der sexuellen Identität/Orientierung in ihre Verfassungen aufgenommen.

Art. 11 I Verfassung Baden-Württemberg
Jeder junge Mensch hat ohne Rücksicht auf Herkunft oder wirtschaftliche Lage das Recht auf eine seiner Begabung entsprechende Erziehung und Ausbildung.

Art. 20 Verfassung Thüringen
Jeder Mensch hat das Recht auf Bildung. Der freie und gleiche Zugang zu den öffentlichen Bildungseinrichtungen wird nach Maßgabe der Gesetze gewährleistet [...].

Art. 6 I, II Verfassung Nordrhein-Westfalen
Jedes Kind hat ein Recht auf Achtung seiner Würde als eigenständige Persönlichkeit und auf besonderen Schutz von Staat und Gesellschaft. Kinder und Jugendliche haben ein Recht auf Entwicklung und Entfaltung ihrer Persönlichkeit, auf gewaltfreie Erziehung und den Schutz vor Gewalt, Vernachlässigung und Ausbeutung [...].

Art. 12 II Verfassung Brandenburg
Niemand darf wegen der Abstammung, Nationalität, Sprache, des Geschlechts, der sexuellen Identität, sozialen Herkunft oder Stellung, einer Behinderung, der religiösen, weltanschaulichen oder politischen Überzeugung oder aus rassistischen Gründen bevorzugt oder benachteiligt werden.

3.4 Völkerrecht – Menschenrecht auf Bildung

Im Völkerrecht ist der Schutz vor Diskriminierungen in verschiedenen Konventionen festgeschrieben: Im Rahmen der UNESCO wurde im Jahr 1960 das Übereinkommen gegen Diskriminierung im Unterrichtswesen angenommen, das in Deutschland im Jahr 1968 in Kraft trat. Das Übereinkommen betrifft den Unterricht in Schulen und Hochschulen und verbietet Diskriminierungen aufgrund der „Rasse oder der Hautfarbe, des Geschlechts, der Sprache, der Religion, der politischen oder sonstigen Überzeugung, der nationalen oder sozialen Herkunft, der wirtschaftlichen Verhältnisse oder der Geburt“. Weitere völkerrechtliche Verträge wie die allgemeine Erklärung der Menschenrechte, der UN-Sozialpakt, die UN-Frauenrechtskonvention und schließlich die UN-Kinderrechtskonvention enthalten u.a. das Recht auf diskriminierungsfreie Bildung sowie die Verpflichtung zur Sicherstellung der Gleichberechti-

16 BVerfGE 93, 1.

gung von Männern und Frauen. Die Allgemeine Erklärung der Menschenrechte (AEMR) begründet in Art. 26 das Menschenrecht auf Bildung. Als Erziehungsziele werden z. B. die volle Entfaltung der menschlichen Persönlichkeit und die Achtung vor den Menschenrechten und Grundfreiheiten benannt.

Diese völkerrechtlichen Verträge verpflichten die unterzeichnenden Staaten zur Umsetzung der in ihnen verabredeten individuellen Rechte, zum Teil ergeben sich auch Ansprüche unmittelbar aus den Verträgen selbst. Die deutschen Gerichte haben immer wieder deutlich gemacht, dass diese völkerrechtlichen Normen jedenfalls bei der konkreten Auslegung des Grundgesetzes sowie der gesetzlichen Regelungen berücksichtigt werden müssen. Damit sind alle nationalen Regelungen auch im Sinne dieser internationalen Verpflichtungen auszulegen.

3.5 Europarecht

Das europäische Recht findet nur da, wo die Mitgliedsstaaten Zuständigkeiten an die Europäische Union abgegeben haben, Anwendung – dann allerdings vorrangig vor nationalem Recht. Für den Bereich des Schulwesens verbleibt die Kompetenz bei den Mitgliedsstaaten, die Europäische Union besitzt keine Zuständigkeit für Regelungen in diesem Bereich.

Bei der Auslegung und Definition grundrechtlicher Positionen sind die europarechtlichen Regelungen aber zu berücksichtigen. Die allgemeine rechtliche Entwicklung im Europarecht legt einen strengen Kontrollmaßstab an in Bezug auf Diskriminierung aufgrund der sexuellen Orientierung: Sowohl Art. 13 EG-Vertrag/ Art. 19 EU-Vertrag als auch Art. 21 I der Charta der Grundrechte der Europäischen Union beziehen die sexuelle Ausrichtung in den Kreis der Diskriminierungsverbote ein. Auch in der Rechtsprechung des Europäischen Gerichtshofs für Menschenrechte (EGMR) werden für Unterscheidungen, die sich auf die sexuelle Orientierung gründen, genauso „ernstliche Gründe" als Rechtfertigung gefordert, wie für solche, die sich auf das Geschlecht gründen.[17]

3.6 Schulgesetze – Konkretisierung von Diskriminierungsschutz

Alle Schulgesetze der Länder haben ein Recht auf Bildung unabhängig von der Herkunft und der wirtschaftlichen Stellung kodifiziert – die meisten Schulgesetze nehmen auf die Gleichbehandlung der Geschlechter Bezug und einige Schulgesetze auch auf die sexuelle Identität. In der Regel werden Erziehungs- und Bildungsziele beschrieben, wie z. B. Toleranz, eine freiheitlich-demokratische Grundhaltung oder die Gleichberechtigung der Geschlechter. Aus diesen Erziehungsaufträgen leiten sich Handlungsmaxime für die Lehrkräfte ab, in einigen Schulgesetzen werden darüber hinaus Diskriminierungsverbote explizit erwähnt.

§ 1 II Nr. 6 SchulG Sachsen-Anhalt
In Erfüllung dieses Auftrages [Bildungs- und Erziehungsauftrag] ist die Schule insbesondere gehalten, [...] den Schülerinnen und Schülern Kenntnisse, Fähigkeiten und Werthaltungen zu vermitteln, welche die Gleichachtung und Gleichberechtigung der Menschen unabhängig von ihrem Geschlecht, ihrer Abstammung, ihrer Rasse, ihrer Behinderung, ihrer sexuellen Identität, ihrer Sprache, ihrer Heimat und Herkunft, ihrem Glauben, ihren religiösen oder politischen Anschauungen fördern, und über Möglichkeiten des Abbaus von Diskriminierungen und Benachteiligungen aufzuklären [...].

17 EGMR v. 24.7.2003, Nr. 40.016/98; BverfGE 124, 199.

§§ 1, 2 VII SchulG NRW

Jeder junge Mensch hat ohne Rücksicht auf seine wirtschaftliche Lage und Herkunft und sein Geschlecht ein Recht auf schulische Bildung, Erziehung und individuelle Förderung [...]. Die Schule ist ein Raum religiöser wie weltanschaulicher Freiheit. Sie wahrt Offenheit und Toleranz gegenüber den unterschiedlichen religiösen, weltanschaulichen und politischen Überzeugungen und Wertvorstellungen. Sie achtet den Grundsatz der Gleichberechtigung der Geschlechter und wirkt auf die Beseitigung bestehender Nachteile hin. Sie vermeidet alles, was die Empfindungen anders Denkender verletzen könnte. Schülerinnen und Schüler dürfen nicht einseitig beeinflusst werden.

§ 3 III SchulG Hessen

Die Schule darf keine Schülerin und keinen Schüler wegen des Geschlechts, der Abstammung, der Rasse, der Sprache, der Heimat und Herkunft, einer Behinderung, des Glaubens und der religiösen oder politischen Anschauungen benachteiligen oder bevorzugen.

§ 4 IV SchulG Brandenburg

[...] Keine Schülerin und kein Schüler darf wegen der Abstammung, Nationalität, Sprache, des Geschlechts, der sexuellen Identität, sozialen Herkunft oder Stellung, einer Behinderung, der religiösen, weltanschaulichen oder politischen Überzeugung oder aus rassistischen Gründen bevorzugt oder benachteiligt werden. Einer Benachteiligung von Mädchen und Frauen ist aktiv entgegenzuwirken.

Während die ersten beiden Normen eine diskriminierungsfreie Erziehungs- und Bildungsarbeit fordern und so zumindest einen klaren Handlungsauftrag an Lehrkräfte formulieren, gehen die hessische und die brandenburgische Regelung noch einen Schritt weiter und verbieten explizit eine Diskriminierung aufgrund u. a. des Geschlechts oder der sexuellen Identität/Orientierung. Das geltende Schulrecht verpflichtet demnach die Lehrkräfte, Schulleitungen und Schulaufsichtsbehörden, im Sinne der genannten Ziele tätig zu werden – so leitet das Oberverwaltungsgericht (OVG) Münster aus dem schulischen Erziehungsauftrag auch ein entsprechendes Diskriminierungsverbot ab.

Das OVG Münster hat für die Nichtteilnahme am koedukativen Schwimmunterricht entschieden, dass diese das Recht einer Schülerin auf Bildung, Erziehung und auf individuelle Förderung, § 1 I SchulG NRW, beeinträchtige, zu dieser Erziehung gehöre auch insbesondere eine Erziehung, die den Grundsatz der Gleichberechtigung der Geschlechter achte und auf die Beseitigung bestehender Nachteile hinwirke, § 2 VI S. 2 SchulG NRW.[18]
Das OVG führt in dem Beschluss weiter aus, dass es die Pflicht einer Lehrkraft sei, auf Mitschüler_innen eines Kindes, das beleidigenden Reaktionen seiner Mitschüler_innen ausgesetzt ist, mit dem Ziel pädagogisch einzuwirken, dem Kind verständnisvoll, tolerant und respektvoll zu begegnen. Diese Pflicht ergebe sich aus dem Erziehungsauftrag der Schule zu gegenseitiger Achtung vor der Überzeugung anderer sowie zu Verständnis und Toleranz aus § 2 II, VI Nr. 4, VII SchulG NRW.

In der Praxis bleibt es zunächst der Einschätzung der Lehrkraft überlassen, welches Verhalten von dem Gebot der Toleranz und der gegenseitigen Achtung nicht (mehr) gedeckt ist. Einerseits liegt darin eine Unschärfe, die es im Einzelfall für von diskriminierendem Verhalten Betroffene schwer machen kann, eine Untersagung oder eine Sanktion einzufordern, wenn diese bislang

18 OVG NRW v. 20. 5. 2009, 19 B 1362/08.

ausgeblieben ist. Andererseits ermöglicht die Norm Spielräume für Lehrkräfte, Situationen in Kenntnis der beteiligten Schüler_innen, der Klassendynamik und etwaiger Vorgeschichten einzuordnen. Diese Problematik ist kennzeichnend für das Schulrecht generell, denn hier finden sich oft lediglich Zielvorgaben in Bezug auf Erziehung, um den pädagogischen Gestaltungsspielraum der Lehrkräfte nicht einzuengen und der vertrauensvollen Zusammenarbeit von Eltern, Schüler_innen und Lehrer_innen keine Hindernisse in den Weg zu stellen. Daran wird aber auch kritisiert[19], dass in der Konsequenz nicht kontrollierbar sei, ob das jeweilige konkrete Handeln einer Lehrkraft die angesprochenen erzieherischen Zielvorgaben erfülle.

Verschiedentlich wird die Aufnahme einer speziellen Diskriminierungsnorm in die Schulgesetze aller Länder gefordert. Lehrkräfte werden grundsätzlich in der Lage sein, herabsetzende Bemerkungen, Beleidigungen und Ausgrenzungen auch ohne eine entsprechende Regelung als solche zu erkennen. Diese pädagogische Fähigkeit muss nicht erst durch das Recht ausgebildet werden – es kann aber dabei helfen, einheitlicher, klarer und professioneller entsprechende Verfahrensabläufe institutionell zu verankern. Allerdings bleibt das Dilemma der Subsumtion unter eine abstrakt-generelle Regelung weiter bestehen und kann im Einzelfall zu streitigen Auslegungsfragen führen. Denn auch im Fall einer dem Allgemeinen Gleichbehandlungsgesetz angepassten Regelung in den Schulgesetzen der Länder muss zunächst festgestellt werden, ob ein Verhalten vorliegt, das den Tatbestand einer Diskriminierung erfüllt. Angesichts der großen Bedeutung dieser Schutzrechte und der uneinheitlichen Regelungen in den Ländern kann die Aufnahme einer solchen Norm hilfreich sein.

19 Dern/Schmid/Spangenberg (2013): „Schutz vor Diskriminierung im Schulbereich".

3.7 Das Allgemeine Gleichbehandlungsgesetz

Das Allgemeine Gleichbehandlungsgesetz (AGG) gilt, mangels Regelungskompetenz des Bundes, im schulischen Kontext nicht im Verhältnis zwischen Schüler_innen und Lehrkräften, sondern nur für Lehrkräfte im Verhältnis zu ihrem Dienstherrn. Damit können sich Lehrkräfte bei Diskriminierungen auf die Schutz- und Verbotsnormen des AGG berufen, Schüler_innen hilft das Gesetz jedoch nicht.

Zusammenfassend lässt sich feststellen, dass eine aus dem Grundgesetz – und in vielen Bundesländern auch einfachgesetzlich durch das Schulgesetz – abgesicherte Pflicht des Staates besteht, die Schüler_innen nicht zu diskriminieren und vor Diskriminierungen Dritter zu schützen. Die Schule als Teil staatlicher Verwaltung hat den Auftrag, für einen wirksamen Diskriminierungsschutz der ihr anvertrauten Schüler_innen einzutreten und dafür zu sorgen, dass dieser durch geeignete Maßnahmen umgesetzt wird. Nach den völkerrechtlichen Verpflichtungen ist dabei das Recht auf diskriminierungsfreie Bildung, die Verpflichtung zur Sicherstellung der Gleichberechtigung von Männern und Frauen und das Menschenrecht auf Bildung zu berücksichtigen.

3.8 Rechtlicher Schutz vor Diskriminierungen von Lehrkräften

Sowohl das Grundgesetz als auch verschiedene einfach-gesetzliche Regelungen haben das Ziel, Diskriminierung von Lehrkräften aufgrund ihres Geschlechts oder ihrer sexuellen Orientierung zu verhindern. Anders als Schüler_innen stehen die Lehrkräfte in einem Dienst- bzw. Arbeitsverhältnis zum Staat – hieraus ergeben sich nicht nur besondere Pflichten, sondern auch besondere Schutzrechte.

Die Einstellung von Lehrkräften in den öffentlichen Schuldienst richtet sich gemäß Art. 33 II GG nach Eignung, Befähigung und fachlicher Leistung. Sowohl das Grundgesetz als auch die beamtenrechtlichen Regelungen auf Bundes- und Länderebene verlangen eine diskriminierungsfreie Auswahl der Bewerber_innen. Der Staat ist als Dienstherr durch Art. 33 II GG dazu verpflichtet, jeder Person unabhängig von Geschlecht oder sexueller Orientierung den gleichen Zugang zu einem öffentlichen Amt zu gewähren – daraus ergeben sich Vorgaben für die Einstellungsverfahren in den öffentlichen Schuldienst. Auch Beförderungsverfahren sind ausschließlich nach den beamtenrechtlich zulässigen Eignungskriterien auszurichten – der Grundsatz der Bestenauslese aus Art. 33 II GG gilt ebenso für die Einstellung und Höhergruppierung von tarifbeschäftigten Lehrer_innen.

Einen Sonderfall stellen die Regelungen zur Frauenförderung dar. In den Landesbeamtengesetzen bzw. den Gleichstellungsgesetzen der Länder finden sich Vorgaben zu der besonderen Berücksichtigung von Frauen bei der Einstellung oder der Vergabe von Beförderungsämtern. Danach sind Frauen bei gleicher Eignung bevorzugt zu berücksichtigen, wenn es im jeweiligen Amt weniger Frauen als Männer gibt. Diese Regelung findet ihre Rechtfertigung in dem verfassungsrechtlichen Auftrag des Art. 3 II S. 2 GG: Der Staat ist verpflichtet, die Durchsetzung der Gleichberechtigung von Frauen und Männern zu fördern und bestehende Benachteiligungen zu beseitigen. Nach der Rechtsprechung des Europäischen Gerichtshofes darf eine solche Frauenförderung nicht schematisch erfolgen, es muss im Einzelfall auch eine Beförderungsentscheidung zugunsten eines Mannes möglich sein.

Spezielle Regelungen im Beamtenstatusgesetz und im Allgemeinen Gleichbehandlungsgesetz schützen Lehrkräfte vor geschlechtsbezogener Diskriminierung im beruflichen Alltag.

§ 45 Beamtenstatusgesetz
Der Dienstherr hat im Rahmen des Dienst- und Treueverhältnisses für das Wohl der Beamtinnen und Beamten und ihrer Familien, auch für die Zeit nach der Beendigung des Beamtenverhältnisses, zu sorgen. Er schützt die Beamtinnen und Beamten bei ihrer amtlichen Tätigkeit und in ihrer Stellung.

§ 1 AGG
Ziel des Gesetzes ist, Benachteiligungen aus Gründen der Rasse oder wegen der ethnischen Herkunft, des Geschlechts, der Religion oder Weltanschauung, einer Behinderung, des Alters oder der sexuellen Identität zu verhindern oder zu beseitigen.

§ 7 I, III AGG
Beschäftigte dürfen nicht wegen eines in § 1 genannten Grundes benachteiligt werden; [...] Eine Benachteiligung nach Absatz 1 durch Arbeitgeber oder Beschäftigte ist eine Verletzung vertraglicher Pflichten.

Die Fürsorgepflicht des Dienstherrn aus § 45 Beamtenstatusgesetz wie auch ganz konkret das Allgemeine Gleichbehandlungsgesetz schützen Lehrkräfte vor geschlechtsbezogener Diskriminierung in ihrem beruflichen Kontext. Die Regelungen verpflichten den Arbeitgeber bzw. den Dienstherrn, gegen Diskriminierungen einzuschreiten (siehe Kap. 11.7 Vorgehen bei Diskriminierung von Lehrkräften).

Sonderfall kirchliche Privatschulen

Lehrkräfte, die unmittelbar bei der Kirche oder einer kirchlich getragenen Schule angestellt sind, haben allerdings eine rechtliche Sonderstellung – einerseits unterstehen solche Arbeitsverhältnisse dem deutschen Arbeitsrecht, andererseits unterliegen sie darüber hinaus aber auch dem Kirchenrecht. Bei Verstößen gegen die kirchlichen Moralvorstellungen kann dies daher eine Kündigung zur Folge haben. In den einzelnen vor Gericht entschiedenen Fällen nehmen die Gerichte eine Interessenabwägung vor zwischen dem Recht der Religionsgemeinschaft, ihre Mitarbeiter_innen auf die Grundordnung des kirchlichen Dienstes zu verpflichten, und zwischen den Rechten der Mitarbeiter_innen nach dem deutschen Arbeitsrecht sowie den verfassungsrechtlich garantierten Grundrechten.

B Auf dem Weg zu einer Schule der Vielfalt

4 Den Grundstein für nachhaltigen Erfolg in der Schulentwicklung legen

Wie kann es gelingen, eine offene Schulkultur zu etablieren, in der Kinder, Jugendliche und Erwachsene erfahren, dass Menschen hinsichtlich ihrer geschlechtlichen und sexuellen Vielfalt, ihrer Hautfarbe, ihrer Religion, ihrer Herkunft, ihrer Unterstützungsbedarfe, ihrer individuellen Stärken und Schwächen gleichberechtigt in der Schule teilhaben und sich in einer reflexiven und respektvollen Umgebung selbstsicher entwickeln können?

In den letzten dreißig Jahren haben viele Schulen Maßnahmen im Bereich der geschlechterbewussten Pädagogik ergriffen. Ziel war es, Geschlechterhierarchien abzubauen, eine gleichberechtigte und umfassende Bildung für Mädchen und Jungen zu ermöglichen, geschlechtsstereotype Zuweisungen aufzulösen und Unterschiedlichkeiten sowohl zwischen als auch innerhalb der Geschlechter lebbar zu machen. Diese Maßnahmen waren lange Zeit zunächst in der Mädchen- und anschließend auch in der Jungenförderung angesiedelt. So wurden beispielsweise der Girls' und Boys' Day eingeführt, mit der Geschlechtertrennung im naturwissenschaftlichen und im Sportunterricht experimentiert, zahlreiche Projekte in der Berufsorientierung entwickelt, Projekttage mit genderspezifischen Themen durchgeführt und im Rahmen des Ganztagsbereiches mädchen- und auch jungenspezifische Arbeitsgemeinschaften angeboten. In den letzten Jahren richtete sich der Blick allmählich auch auf die Akzeptanz von lesbischen, schwulen, queeren, trans* und intergeschlechtlichen Schüler_innen.

Viele dieser Maßnahmen wurden als singuläre Maßnahmen von einzelnen Kolleg_innen oder Teilkollegien konzipiert und umgesetzt. So notwendig und hilfreich die Projekte und Maßnahmen auch waren, so begrenzt blieb jedoch ihre Wirksamkeit, da sie in der Regel nicht in ein Gesamtkonzept der Organisation Schule eingebunden waren.

Wesentlich effektiver und langfristig wirksamer können die Ziele einer geschlechterbewussten inklusiven Pädagogik (siehe Kap. 2.4) erreicht werden, wenn sie als Element der Schulentwicklung und damit legitimiert und getragen durch die Schulgemeinde strukturell im Schulprogramm verankert werden und damit als Querschnittskategorie den Unterricht und alle außerunterrichtlichen Bereiche durchziehen.

Eine strukturelle Eingebundenheit geschlechterbewusster inklusiver Pädagogik sichert zum Beispiel das Projekt „Schule der Vielfalt" (siehe Kap. 12) dadurch ab, dass eine Schule erst dann Projektschule werden kann, wenn die gesamte Schulgemeinde durch einen Schulkonferenzbeschluss zustimmt. Durch die Verpflichtung, z. B. einen jährlichen Projekttag für die ganze Schule abzuhalten und in einem Bericht zu reflektieren, wird zudem eine Mindestanforderung gestellt, um eine nachhaltige Wirkung zu sichern.

Als Instrumente einer Schul- und Unterrichtsentwicklung, mit deren Hilfe sexuelle und geschlechtliche Vielfalt als Querschnittsaufgabe verankert werden kann, eigenen sich in besonderer Weise der Index für Inklusion (Booth/Ainscow, 2017) und die Merkmale demokratiepädagogischer Schulen (Deutsche Gesellschaft für Demokratiepädagogik, 2016).

Pädagogisch und didaktisch lässt sich eine geschlechterbewusste inklusive Pädagogik einordnen in bestehende Konzepte einer „Pädagogik der Vielfalt“ (Prengel, 1993) und in eine inklusive Didaktik. Diese Konzepte haben in den Alltag von Schule Eingang gefunden, sodass nun nicht nur die Möglichkeit, sondern auch der Auftrag besteht, eine geschlechterbewusste inklusive Ausrichtung in der Schulentwicklung einer Schule zu implementieren. Hierfür ist es notwendig, Inklusion aus ihrem engen auf sonderpädagogische Unterstützungsbedarfe begrenzten Verständnis herauszulösen und in einer weiten Auffassung von Inklusion zu verankern.

Es gilt:

- Eine geschlechterbewusste inklusive und demokratiefreundliche **Schulkultur** zu schaffen.
- Geschlechterbewusste inklusive **Strukturen** zu etablieren.
- Das gesamte **Lehrpersonal und die Schulleitung** zu professionalisieren, inklusive Führung und Management von Schule.
- Unter der Leitperspektive geschlechterbewusster inklusiver Pädagogik **Praktiken,** wie z. B. die Individualisierung des Unterrichts, Beratung, Aus- und Weiterbildung weiterzuentwickeln.

5 Eine offene Schulkultur schaffen

5.1 Für einen demokratischen Entwicklungsprozess sorgen

Soll es gelingen, die Ziele einer geschlechterbewussten inklusiven Pädagogik erfolgreich zu verfolgen, ist es wichtig, alle Beteiligten, Lehrkräfte, Schüler_innen und Eltern einzubeziehen. Es gibt verschiedene Herangehensweisen. Manche Schulen beginnen damit, mittels eines Fragebogens die Ausgangslage zu erheben und Bedarfe festzustellen (siehe z. B. Bothe/Jeß [2018] und Fragebogen „Inklusive Schulkultur einer Schule der Vielfalt"). Ein solcher Fragebogen ist dann gleichzeitig ein Instrument, alle Beteiligten einzubeziehen und sich gemeinsam über die Ziele der eigenen Schule klar zu werden. Statt dieses induktiven Weges können genauso gut in einem deduktiven Verfahren zuerst Leitbild, Werte, Haltungen und Ziele gemeinsam gefunden und dann überprüft werden, inwieweit diese schon gelebt werden. Oder eine Gruppe fängt an und macht sich auf den Weg, Projektschule von „Schule der Vielfalt" (siehe Kap. 12) zu werden, und verankert das Konzept einer Schule der Vielfalt in diesem Prozess Schritt für Schritt im Schulprogramm.

Welcher Weg auch immer gewählt wird, entscheidend ist, dass es ein *demokratischer* Prozess ist, an dem alle Gruppen der Schule sich beteiligen können und der sich in dem von der Schulkonferenz legitimierten Leitbild und Schulpro-

Fragebogen für Schüler_innen:
Inklusive Schulkultur einer Schule der Vielfalt

1. Ich fühle mich in meiner Klasse wohl.
2. Ich fühle mich in meiner Schule wohl.
3. An meiner Schule werden alle respektiert, egal, ob Mädchen oder Junge und egal, ob ein Junge wie ein Mädchen aussieht oder ein Mädchen wie ein Junge.
4. Wir haben im Unterricht schon über verschiedene Familienformen gesprochen. Wir wissen, dass es Familien mit Vater und Mutter gibt, Familien mit einem Elternteil und Familien mit zwei Müttern oder zwei Vätern.
5. An meiner Schule werden alle mit Respekt behandelt, egal, ob lesbisch, bi, trans*, schwul, inter* oder queer.
6. Im Unterricht werden alle Lebensweisen einschließlich LSBTIQ* thematisiert.
7. Wenn ich über ein Problem oder Anliegen sprechen möchte, gibt es eine*n Erwachsene*n, zu der oder dem ich gehen kann.
8. Wir werden ermutigt, für das einzustehen, was wir für richtig halten.
9. An der Schule können wir mitbestimmen.
10. …

Auswahl und Formulierung der Fragen können je nach Alter und Entwicklungsstand der Schüler_innen variiert werden. Analog hierzu können Eltern und Lehrkräfte befragt werden.

gramm niederschlägt. Nur so lässt sich verhindern, dass zum Beispiel das Leitbild, in dem gemeinsame Ziele, Haltungen und Werte formuliert sind, ein rein formales Schriftstück ohne jede Relevanz für den schulischen Alltag ist. Diese Gefahr besteht insbesondere dann, wenn ein Schulentwicklungsprozess schematisch und starr (von der Leitung oder der Steuergruppe) initiiert und durchgeführt wird oder die festgeschriebenen Werte, wie z. B. Transparenz und Mitbestimmung in der Praxis konterkariert werden. Ein Schulentwicklungsprozess sollte sich nicht an starren Abläufen, sondern an den in der Schule beteiligten Menschen orientieren, dabei Widersprüche und Verunsicherungen zulassen und im schulischen Alltag die Werte umsetzen, die schriftlich formuliert sind.

Gelingt es, in diesem Sinne alle Beteiligten einzubeziehen und geschlechterbewusste inklusive Pädagogik in der Schulentwicklung zu verankern, können deren Ziele wirksam und nachhaltig verfolgt werden. Gleichzeitig erfahren und lernen die Schüler_innen, Verantwortung für sich selbst und das Gemeinwohl zu übernehmen – eine der grundlegenden überfachlichen Kompetenzen, die es in der Schule zu vermitteln gilt.

5.2 Ziele, Werte und Haltungen im Leitbild verankern

Leitbilder verpflichten alle Mitglieder der Schulgemeinde auf eine gemeinsame Ausrichtung der pädagogischen und erzieherischen Arbeit an der Schule. Im gemeinsamen Austausch verständigen sich alle auf einen Konsens in grundlegenden Werte- und Haltungsfragen, der letztlich das Fundament erfolgreichen Arbeitens einer Schule ist.

Wie wichtig ein Leitbild ist, zeigen Forschungen, die feststellen, dass es an Schulen, die in ihrem Leitbild die Verhinderung von Gewalt, Mobbing oder Diskriminierung erwähnen, signifikant seltener zu Diskriminierungserfahrungen und seltener zum Suizid von Schüler_innen kommt. Wichtig ist hierbei vor allem, dass die verschiedenen Diskriminierungsdimensionen im Leitbild klar benannt werden (Klocke/Salden/Watzlawik, 2018; Antidiskriminierungsstelle des Bundes, 2017). Dies ist besonders vor dem Hintergrund bedeutsam, dass die Gefahr eines Suizids bei LSBTIQ*-Jugendlichen statistisch gesehen deutlich höher liegt als bei heterosexuell-cis-geschlechtlichen. Deshalb sollten in einem Leitbild sowohl geschlechtliche und sexuelle Vielfalt in ihrer Bedeutung für die pädagogische und erzieherische Arbeit als auch die Akzeptanz, der Respekt und die Unterstützung von LSBTIQ* verankert werden.[20]

5.3 LSBTIQ* in der Schulöffentlichkeit sichtbar machen

Die Unsichtbarkeit von Existenzformen, die die heteronormative Ordnung verletzen, stellt – wie in Kapitel 1.6 beschrieben – eine der bedeutendsten Formen der Diskriminierung von LSBTIQ* dar. Dies zeigt sich in der Schule in zweierlei Hinsicht. Zum einen werden die Realität z. B. von Regenbogenfamilien und realistische Bilder vom Alltag schwuler, lesbischer, trans* oder intergeschlechtlicher Menschen sehr selten gezeigt. Zum anderen wird sexualisierte Gewalt, werden Homo- und Trans*feindlichkeit in ihren verschiedenen Erscheinungsformen häufig nicht erkannt oder nicht als problematisch eingestuft. „Das Problem gibt es bei uns nicht", wird dann behauptet, ein Statement, das der wissenschaftlichen Forschung widerspricht (vgl. Kap. 2.2) und auch regelmäßig widerlegt wird, wenn etwa die Schüler_innenvertretung (SV) eine Befragung durchführt.

LSBTIQ* in der Schule sichtbar zu machen, bedeutet daher: Erstens Diskriminierungen und sexualisierte Gewalt als solche wahrzunehmen und als Problem anzuerkennen; zweitens im

20 Ein Beispiel für die Formulierung eines solchen Leitbildes findet sich auf der Website des Gymnasiums Odenthal.

IDAHOT DAY
INTERNATIONAL DAY AGAINST
HOMOPHOBIA, TRANSPHOBIA
AND BIPHOBIA
17th May

IDAHOT
2019
INTERNATIONALER TAG
GEGEN HOMO- UND
TRANS*PHOBIE
Wir sammeln
unserer Schule
Diskriminierung tun:
Schüler*innen

schulischen Raum geschlechtliche und sexuelle Vielfalt sichtbar zu machen[21] und beispielsweise bereits in der Primarstufe dafür Sorge zu tragen, dass unterschiedliche Familien- und Lebensformen nicht tabuisiert werden.

Die unterrichtlichen Möglichkeiten im Fachunterricht und im Rahmen von Projektarbeit werden in Kapitel 6 dargestellt. Darüber hinaus bietet auch der außerunterrichtliche Bereich eine Vielzahl von Möglichkeiten, die diesen beiden Zielen dienen.

*In der **Außendarstellung** der Schule kann explizit darauf hingewiesen werden, dass diese Schule für Menschen jedweden Geschlechts und jeder sexuellen Orientierung offen ist und sich gegen Diskriminierung einsetzt. Hierzu eignet sich etwa die Internetseite der Schule, ein entsprechendes Emblem an der Eingangstür, der selbstverständliche Einbezug der genderbewussten und gegen Diskriminierungen gerichteten Arbeit bei der Darstellung des Schulprofils, Informationen über entsprechende Projekte und Maßnahmen z. B. am Tag der offenen Tür.*

*Die **Schulbibliothek** sollte mit Literatur und Filmen, die explizit oder implizit LSBTIQ* thematisieren, ausgestattet sein und die entsprechenden Bücher und Filme offen präsentieren (siehe die Zusammenstellung von Literatur und Filmen in Kap. 14).*

*Öffentlich **ausgehängte Informationen** zu Themen rund um LSBTIQ* – z. B. Informationen über Beratungsstellen, Jugendtreffs, aktuelle Veranstaltungen mit Bezug zum Thema – informieren nicht nur, sondern machen auch auf die Existenz von LSBTIQ* aufmerksam.*

*Geeignete **Ausstellungen und Informationstafeln** können ebenso zur Sichtbarkeit von LSBTIQ* im schulischen Raum beitragen.*

21 Argumentationsstränge für die Diskussion z. B. mit Eltern bezüglich dieser Frage sind in der Broschüre GEW (2017) ausführlich dargestellt.

Für Schwerpunktaktionen eignet sich in besonderer Weise der 17. Mai, der Internationale Tag gegen Homo-, Trans- und Biphobie (IDAHOT). In der Regel werden solche Aktionen von einer Arbeitsgruppe zu geschlechtlicher und sexueller Vielfalt getragen und organisiert, der Schüler_innen, Lehrkräfte und Eltern angehören, oder von Fachlehrer_innen, die das Thema in ihrem Unterricht behandelt haben und der Schulöffentlichkeit die Produkte der Arbeit vorstellen wollen.

Im Laufe der Jahre haben Schulen hier zahlreiche kreative Ideen entwickelt.

Beispiele für Aktionen am IDAHOT

- *Aktionstag mit Malaktion, Ausstellung eigener Produkte in der Schule*
- *Umfrage zu Homo- und Transphobie bei Passant_innen oder Mitschüler_innen*
- *Schulfest mit dem Schwerpunktthema „Diversität und Akzeptanz"*
- *Präsentation der Plakat-Ausstellung des Projekts „Schule der Vielfalt" oder selbst gestalteter Stellwände z. B. mit den Fotos berühmter Personen aus dem LSBTIQ*-Spektrum*
- *Präsentation von Unterrichtsergebnissen (Fotos, Installationen, Wandzeitungen usw.)*
- *Schmücken der Schule mit Symbolen wie der Regebogenfahne z. B. am Eingang oder in den Klassenräumen*
- *Unterschriftensammlungen gegen Diskriminierung*
- *Foto- und Verkleidungsaktionen zum Thema Geschlechterklischees*
- *Informationen über die Bedeutung des IDAHOT durch Präsentationen oder persönliche Ansprachen von Schüler_innen durch Mitschüler_innen verbreiten*

Shutterstock.com / Dmytro Zinkevych

© Schule der Vielfalt / Frank G. Pohl

Schüler_innen setzen sich künstlerisch mit dem Thema auseinander:
Kunstprojekt an der Gesamtschule Siegburg.

5.4 Geschlechtergetrennte Räume anpassen

Damen- und Herrentoiletten, Damen- und Herrenumkleiden, Mädchen- und Jungenschlafräume – die Binarität unserer Geschlechterordnung schlägt sich in geschlechtergetrennten Räumen unübersehbar nieder. Kinder und Jugendliche, die aufgrund ihres Erscheinungsbildes häufig eine „falsche" Zuordnung erfahren, berichten immer wieder darüber, dass sie die fragenden und bisweilen abwertenden Blicke beim Toilettenbesuch als so belastend und kränkend empfinden, dass sie den Besuch der Toilette am liebsten vermeiden. Schüler_innen, die sich nicht eindeutig einem Geschlecht zuordnen können oder wollen, sehen sich täglich mit unterschiedlichen Fragen konfrontiert: In welche Umkleidekabine gehe ich? Welche Toiletten benutze ich? In welches Zimmer gehe ich auf Klassenfahrten? Welchem Team ordne ich mich im Sport zu, wenn nach Mädchen und Jungen unterschieden wird? Fragen, auf die Schulen verstärkt Antworten finden müssen. Die Kapitel 10 und 11 geben rechtliche und praktische Hilfestellungen.

Shutterstock / Ste studio

Sogenannte Unisex-Toiletten, die neben Mädchen- und Jungentoiletten als zusätzliche Toiletten ausgewiesen werden, lösen nicht nur die schon beschriebenen Schwierigkeiten. Sie sind auch sichtbares Zeichen dafür, dass die Schule bereit ist, der Vielfalt von Geschlecht Rechnung zu tragen. Unisex-Toiletten sollten allen Schüler_innen offenstehen und sind nicht als separierende Toiletten für trans* oder queere Schüler_innen zu begreifen. So besteht für alle eine Wahlmöglichkeit zwischen gleichwertigen Alternativen ohne Zwang. Alle können die Toilette aufsuchen, die sie wollen, ohne mit Diskriminierungen rechnen zu müssen. Die räumlichen Möglichkeiten sind in vielen Schulen jedoch beschränkt und im Einzelfall gilt es, z. B. für trans* oder intergeschlechtliche Schüler_innen andere Lösungen zu finden, die die Schüler_innen nicht ausgrenzen (siehe Kap. 10.3.4).

5.5 Unterstützung außerschulischer Partner_innen und Projekte nutzen

Bundesweite Projekte wie „Schule der Vielfalt" bieten die Chance, geschlechtliche und sexuelle Vielfalt als Aufgabe von Schule strukturell und nachhaltig zu verankern und sich mit anderen Schulen zu vernetzen. Sie unterstützen nicht nur mit umfangreichen Informationen, Materialien und Fortbildungsangeboten, sondern bieten Schulen eine intensive und nachhaltige Begleitung an (siehe Kap. 12).

In vielen Städten und Gemeinden existieren außerschulische Partner_innen, die in den schulischen Unterricht einbezogen werden und ihn bereichern können. Beratungsstellen, Sportvereine, Kirchen, Jugendtreffs, private Stiftungen und Initiativen, Hochschulen und viele Einrichtungen der Jugendhilfe haben geschlechterbewusste Angebote entwickelt, die sie im Zuge der Kooperation mit Schulen auch in und für Schulen anbieten. Die Angebote umfassen z. B. Selbstbehauptungskurse für Mädchen, Coolnesstraining für Jungen, Workshops zur Demokratieerziehung,

Fotoworkshops und -ausstellungen, Theaterangebote, Gendertraining, Informationsveranstaltungen zu LSBTIQ*, Präventionsveranstaltungen zu sexualisierter Gewalt und vieles mehr. Die Gleichstellungsstellen der Städte und Gemeinden können in der Regel einen guten Überblick über Angebote in der Region geben, insbesondere zu spezifischen Angeboten für Mädchen und junge Frauen.

Für das Thema LSBTIQ* sind Schulaufklärungsprojekte wie das Projekt SCHLAU von besonderer Bedeutung. SCHLAU ist ein Antidiskriminierungs- und Bildungsprojekt zu geschlechtlicher und sexueller Vielfalt für Jugendliche und Schulen.[22] Im Zentrum von SCHLAU steht die Begegnung von Jugendlichen mit jungen lesbischen, schwulen, bisexuellen, trans*, inter* und queeren Menschen. Die Erfahrung zeigt, dass Vorurteile und Klischees gegenüber Homo- und Bisexualität sowie Transgeschlechtlichkeit durch die direkte Begegnung wirkungsvoll hinterfragt und abgebaut werden können. Verschiedene antidiskriminierungspädagogische Methoden ermöglichen inhaltliche Schwerpunkte zu Mobbing, Familien- oder Geschlechterbildern. SCHLAU-Workshops finden im Klassenverband statt und können je nach Bedarf zwischen 90 und 240 Minuten dauern.

Die Zusammenarbeit mit solchen Initiativen und Einrichtungen ist besonders nachhaltig, wenn sie in den schulinternen Curricula verankert wird. Sie kann ihren festen Platz in regelmäßig stattfindenden Projekttagen oder Projektwochen finden oder im Fachunterricht bestimmter Fächer verankert werden (siehe dazu Kap. 6.3 sowie die Projektbeispiele in Kap. 13).

Am Elisabeth-von-Thüringen-Gymnasium in Köln stieß eine Lesung des Schriftstellers Lutz van Dijk bei den Schüler_innen auf großes Interesse.

22 Diese „Schulaufklärungsprojekte" tragen in verschiedenen Bundesländern unterschiedliche Bezeichnungen (vgl. auch „Regionale/lokale Bildungs- und Aufklärungsworkshops für Schulklassen" in Kapitel 15).

6 Vielfalt im Unterricht reflektieren, abbilden und gestalten

Lange Zeit wurde davon ausgegangen, dass Schüler_innen in homogenen Lerngruppen gleich unterrichtet werden können. Ein Lerngegenstand wurde für alle gleich aufbereitet und in einem einheitlichen Tempo für alle identisch vermittelt. Dahinter verbarg sich das Bild einer homogenen Gruppe von Schüler_innen. Als einziges Unterscheidungsmerkmal galt das Alter und im gegliederten Schulsystem das Leistungsvermögen. Eines der zentralen Strukturierungsmerkmale in unserer Gesellschaft, das „Geschlecht", wurde nach der Zusammenführung von Mädchen- und Jungenschulen nahezu durchgängig ignoriert. Weitere Merkmale wie Herkunft, Lernvoraussetzungen, Interessen, Sozialisation schienen für den Lernprozess nachrangig zu sein. Davon kann heutzutage keine Rede mehr sein. Geschlechtersensible, transkulturelle und schichtenspezifische Pädagogik hat Eingang in die Schule und ihren Niederschlag in einer Pädagogik der Vielfalt, einer inklusiven Didaktik und dem schulgesetzlichen Auftrag zu einer Individualisierung des Unterrichts gefunden.

In Bezug auf die Planung und Durchführung des Unterrichts bedeutet dies zum einen, dass die gesellschaftliche Realität der Vielfalt sich inhaltlich und sprachlich im Unterricht widerspiegeln muss. Zum anderen impliziert es, dass Lernzugänge und Inhaltsbezüge vor dem Hintergrund der jeweils verschiedenen Erfahrungen und Zugänge reflektiert und spezifische Bedürfnisse und Interessen der Schüler_innen aufgenommen werden.

Am Beispiel des Sportunterrichts wird deutlich, welche Fragen sich bei der Planung und Durchführung des Unterrichts in Bezug auf die Dimension Geschlecht stellen können.

Sportunterricht – sexuelle und geschlechtliche Vielfalt im Fokus

In keinem anderen Fachunterricht strukturiert das Geschlecht den Unterricht so stark wie im Sportunterricht. In jeder Sportstunde steht der Körper im Mittelpunkt des Geschehens und die Kinder, Jugendlichen und Lehrpersonen sind dabei weitgehend einem Körper-, Sport- und Bewegungsverständnis verhaftet, das geschlechterbinär und geschlechterhierarchisch konstruiert ist.

Dies wirft in der Praxis einige Problemfelder auf:

- Schüler_innen verweigern sich bestimmten geschlechtsspezifisch konnotierten Sportarten und Bewegungsfeldern, ziehen sich zurück, stören latent …
- Schüler_innen begrenzen sich aufgrund herrschender Geschlechterbilder selbst in einer umfassenden Körper-, Sport- und Bewegungsentwicklung.
- Schüler_innen werten sich ab: „Bist du schwul, lesbisch, kein richtiger Kerl? Beweg' dich nicht so tuntig …"
- Schüler_innen entziehen sich bestimmten Unterrichtssituationen, weil sie die Abwertungen fürchten.
- Lehrkräfte folgen aus einem verinnerlichten „männlich" und/oder „weiblich" konnotierten Sportverständnis heraus einem heimlichen Lehrplan, der nur einem Teil der Schüler_innen gerecht wird.
- LSBTIQ*-Schüler_innen meiden Umkleidesituation, indem sie sich schon vor dem Sportunterricht umziehen oder sich diesem ganz entziehen.

Für diejenigen Kinder und Jugendlichen, die den traditionellen Bildern von „Männlichkeit" und „Weiblichkeit" nicht entsprechen, stellt der Sportunterricht oftmals ebenso ein Problem dar, wie für viele LSBTIQ*-Schüler_innen. Durch bereits erfahrene oder befürchtete Ausgrenzungen kann es zu Rückzug und Vermeidungsverhalten kommen. Aus dem Vereinssport wird berichtet, dass mehr als die Hälfte der LSBTIQ*-Jugendlichen Diskriminierungserfahrungen im Umfeld des Sports erfahren haben (Krell/Austin-Cliff, 2018; siehe auch Menzel/Braumüller/Hartmann-Tews, 2019). Für den Sportunterricht weist Frederik Schaaf (2016) zahlreiche (Selbst-) Begrenzungen und Diskriminierungserfahrungen für homosexuelle Jungen nach.

Dies wirft einige Fragen auf. Zum Beispiel:

- Was heißt das für einen Unterricht, der sich entlang des Körpers strukturiert?
- Wie lassen sich geschlechtsspezifische Themen, die für Mädchen und Jungen entwickelt wurden, für LSBTIQ*-Schüler_innen denken?
- Wie gehen Sportlehrkräfte mit Diskriminierungen und Abwertungen um?
- Wo kleiden sich Kinder und Jugendliche um, die nicht in eine Mädchen- oder Jungenumkleide gehen wollen? Wie wird die Toilettenfrage geregelt?
- Für den geschlechtergetrennten Wettkampfsport: Wer spielt in welchem Team?
- Unter welchen Bedingungen ist geschlechtergetrennter Sportunterricht sinnvoll? Welches Kind nimmt dann an welcher Gruppe teil?
- Woran können Lehrkräfte erkennen, ob sie unreflektierte Haltungen in den Unterricht einbringen und dadurch z. B. Schüler_innen ausgrenzen?

6.1 Geschlechtliche und sexuelle Vielfalt als Querschnittsthema begreifen

Geschlechtliche und sexuelle Vielfalt im Unterricht sichtbar zu machen ist nicht damit zu verwechseln, sie ständig zu thematisieren. Die explizite Thematisierung im Unterricht ist bedeutsam (siehe Kap. 6.3). Doch darüber hinaus geht es vor allem darum, dass der Unterricht und die verwendeten Lehrmaterialien die Vielfalt der Geschlechter und sexuellen Orientierungen selbstverständlich repräsentieren, statt ausschließlich die binäre, hierarchische Geschlechterordnung zu spiegeln und dabei einseitig traditionelle Frauen- und Männerbilder zu reproduzieren.

> *Im Mathematikunterricht etwa lässt sich die Division nicht nur anhand der Anzahl der Torten für die Hochzeit von Peter und Anna berechnen, sondern ab und zu könnte Peter auch einmal einen Paul heiraten.*
> *In Texten des Deutschunterrichts gibt es klassische Familien mit Vater und Mutter, aber es könnten z. B. auch Ein-Eltern-Familien, Patchwork-Familien oder Regenbogenfamilien vorkommen.*

Tauchen z. B. Lesben, Schwule oder transgeschlechtliche Menschen in ihren Alltagsbezügen auf, wird die gelebte Realität als Selbstverständlichkeit sichtbar. Kinder und Jugendliche, die selbst schwul, lesbisch oder trans* sind oder z. B. aus Regenbogenfamilien stammen, fühlen sich zugehörig, wenn auch ihre Lebensrealität im Unterricht benannt wird. Und diejenigen Schüler_innen, die selbst keinen direkten Bezug haben, lernen, dass sexuelle und geschlechtliche Vielfalt im alltäglichen Leben selbstverständlich existiert.

6.2 Unterrichtsmaterialien überprüfen und anpassen

Eine bedeutende Rolle spielen in diesem Zusammenhang die verwendeten Unterrichtsmaterialien. Ein Kriterium für die Erstellung und Auswahl vielfaltsorientierter Materialien ist neben einer geschlechtergerechten Sprache und der Repräsentanz von Vielfalt in Bildern und Inhalten auch der Kontext, in dem Frauen, Männer und LSBTIQ*-Menschen dargestellt werden. Männer- und Frauenbilder sollten nicht alte, hierarchische Geschlechterbilder reproduzieren, indem Männer beispielsweise vornehmlich im Kontext von Technik, Fußball und Chefetagen und Frauen im Kontext von Vorzimmern, Haushalt und Pflegeberufen auftauchen. LSBTIQ*-Menschen sollten nicht vornehmlich in zeitlichem oder inhaltlichem Bezug zu problematischen und negativ besetzten Kontexten benannt werden, wie z. B. in Zusammenhang mit Geschlechtskrankheiten, sexuellen Perversionen oder Pädophilie. Ihre Lebensrealität sollte nicht einseitig durch die Darstellung von Mobbing und Verfolgung geprägt sein, sondern auch das alltägliche, selbstverständliche Leben spiegeln (ausführlicher mit Kriterienliste zur Auswahl vielfaltsorientierter Unterrichtsmaterialien siehe Höpfner/Lotz, 2018).

Shutterstock/Marish

Regenbogenfamilien

Die momentan genutzten Schulbücher werden dieser Anforderung noch nicht gerecht. Hier sind Frauen und Mädchen nach wie vor unterrepräsentiert und eine geschlechtergerechte Sprache wird nicht durchgängig verwendet. Schwule, lesbische und bisexuelle Menschen werden, wenn überhaupt, nur am Rande dargestellt und Schüler_innen erfahren durch die Schulbücher weitgehend nichts über die Existenz von Inter* oder Trans*menschen (siehe z. B. Bittner, 2011). Wollen Schulen die Ziele inklusiver geschlechterbewusster Pädagogik erreichen, stehen sie vor der Aufgabe, die momentan noch bestehenden Defizite der Schulbücher zu analysieren und, wo immer möglich, durch eine Variation des Materials und mithilfe eigener Unterlagen auszugleichen. Dies mag bisweilen aufwendig sein, ist jedoch oftmals auch mit einfachen Mitteln zu erreichen.

- *Im Sprachenunterricht können auch Texte und Romane gelesen werden, deren Hauptfiguren zum Beispiel schwul, lesbisch, bisexuell, trans*, inter* oder queer sind.*
- *In Mathematik können Statistiken um LSBTIQ*-Menschen ergänzt werden. In mancher Textaufgabe kann aus einer klassischen Familie durch eine einfache Namensänderung eine Regenbogenfamilie werden.*
  Es können Bilder eingestreut werden, auf denen Menschen dargestellt sind, die weder als Mann noch als Frau eindeutig zu klassifizieren sind.
- *Im Geschichtsunterricht kann im Zusammenhang mit der Entwicklung der universellen Menschenrechte der §175 StGB Erwähnung finden.*

Weitere Anregungen für ergänzendes Unterrichtsmaterial finden sich in Kapitel 14.

6.3 Geschlechtliche und sexuelle Vielfalt explizit zum Thema machen

6.3.1 Vielfalt als Thema des Fachunterrichts

Neben der Repräsentanz geschlechtlicher und sexueller Vielfalt in den Unterrichtsmaterialien und im alltäglichen Unterricht verlangt inklusive geschlechterbewusste Pädagogik auch, explizit Wissen über Geschlechtervielfalt und LSBTIQ* zu vermitteln. Die Curricula vieler Fächer bieten hierbei Anknüpfungspunkte. Inzwischen existieren zahlreiche erprobte Unterrichtsmaterialien und Anregungen für verschiedene Schulformen und Altersstufen, wie z. B.:

Grundschule (Sachunterricht)
Thema: „Verschiedenen Formen des Zusammenlebens" (siehe GEW – Baden-Württemberg, 2017)

Grundschule (fachübergreifend)
Thema: „Mobbing, Geschlechtsrollenverhalten und Regenbogenfamilien" (siehe Semiramis, 2013)

Sekundarstufe I (Geschichte, Sozialwissenschaften)
Thema: „Die Geschichte des Paragrafen 175 StGB und die Verfolgung Homosexueller im Nationalsozialismus" (siehe Schule der Vielfalt – NRW, 2018)

Sekundarstufen I und II (Sprachen, Gesellschaftswissenschaften, Religion, Biologie, Philosophie, Ethik)
Thema: „Bildung für Toleranz und Akzeptanz" (siehe GEW – Baden-Württemberg, 2017)

Sekundarstufe I und II (Deutsch und alle sprachlichen Fächer)
Thema: „Vielfältige Lebensweisen, Gestaltung von Beziehungen, Liebe und was sie ausmacht" (siehe Gerber, 2018 sowie Schule der Vielfalt – NRW, 2018)

In den Veröffentlichungen des Projekts „Schule der Vielfalt" (2018) sowie in Kapitel 14 finden sich Hinweise auf zahlreiche weitere Beispiele.

Im Sinne einer Öffnung von Schule hat es sich gerade bei der Thematik der geschlechtlichen und sexuellen Vielfalt als sehr hilfreich erwiesen, den Unterricht regelmäßig durch den Einbezug außerschulischer Partner_innen zu unterstützen und zu bereichern (siehe Kap. 5.5).

6.3.2 Projektarbeit

Über den Fachunterricht hinaus bieten Projekttage und Projektwochen einen guten Rahmen, eine Auseinandersetzung mit den Themen geschlechtlicher und sexueller Vielfalt anzuregen.

So fand etwa am Bettina-von-Arnim-Gymnasium in Dormagen ein Projekttag zum Thema „Offene Schule – geschlechtliche und sexuelle Vielfalt" für die gesamte Jahrgangsstufe 9 statt, wobei sich ein Team von Lehrkräften und der Schüler_innenvertretung die Leitung von Workshops zu folgenden Themen aufteilte: „Blau oder rosa – du musst dich entscheiden???", „Rollenbilder, Homosexualität", „Transsexualität, Intersexualität", „Positionen zur Homosexualität in Religion und Gesellschaft (Blick in die Geschichte, rechtliche Stellung, Homosexualität in Judentum, Christentum und Islam)", „Homosexualität in Sprache und Medien".

Solche und ähnlich gestaltete Projekttage und Projektwochen wurden inzwischen an einigen Schulen erfolgreich durchgeführt. Wie im Fachunterricht hat sich auch hier die Kooperation mit außerschulischen Partner_innen sehr bewährt (siehe Kap. 5.5). Ausführliche Berichte finden sich in den Praxisbeispielen in Kapitel 13 sowie bei Bodo Busch (2018) und Birgit Palzkill (2018).

In Bundesländern, in denen Projektarbeit curricular verankert ist, bietet dies Schüler_ innen die Möglichkeit, sich intensiv mit dem Thema Geschlecht – z. B. mit geschlechtsspezifischen Zuschreibungen und Erwartungen oder geschlechtlicher und sexueller Vielfalt – zu beschäftigen und ihrerseits Ideen für die pädagogische Arbeit am Thema zu entwickeln.

Beispielsweise wurde am Gymnasium Dormagen (im Rahmen der in NRW in der Sekundarstufe II verankerten Projektarbeit) ein Projektkurs „Schule gegen Diskriminierung" entwickelt, dessen Grundkonzeption es ist, dass Schüler_innen Workshops für Mitschüler_innen anderer Jahrgangsstufen entwickeln, durchführen und evaluieren.

6.4 Prinzipien der Unterrichtsgestaltung

Die folgenden Prinzipien geben einen Überblick über die wichtigsten Bedingungen für eine erfolgreiche Vorbereitung und Gestaltung eines Unterrichts, der geschlechtliche und sexuelle Vielfalt thematisiert (vgl. Palzkill/Schulz, 2018, S. 15–18).

6.4.1 Kategorien und Normen benennen, ohne sie zu verfestigen

Die Thematisierung von LSBTIQ*, das Sprechen über Geschlechternormen und tradierte Vorstellungen von „Männlichkeit" und „Weiblichkeit", ist einerseits wichtig, birgt jedoch andererseits immer die Gefahr, Kategorisierungen, Zuschreibungen und Bilder zu verfestigen und beispielsweise dabei Frauen „Weiblichkeit" und Männern „Männlichkeit" zuzuschreiben. Wie in Kapitel 1.5 dargestellt, ist dies ein Dilemma, das nicht aufzulösen ist. Der Wunsch, dieses Dilemma *einseitig* aufzulösen, führt vielmehr in die Irre. Stattdessen gilt es, Ambivalenzen und Widersprüche zu erkennen, auszuhalten und didaktisch-methodische Entscheidungen unter der Perspektive dieses Spannungsverhältnisses zu reflektieren. Katharina Debus (2017) hat dargestellt, wie es gelingen kann, bei der Themenwahl ein ausgewogenes Verhältnis zwischen der – wie sie es nennt – „Dramatisierung" und der „Entdramatisierung" von Geschlecht und sexueller Orientierung herzustellen. Dies kann z. B. dadurch geschehen, dass Lehrkräfte bei der Unterrichtsplanung darauf achten, dass einer Phase, in der Differenzen z. B. von Frauen und Männern, Geschlechterbilder, Diskriminierungen und strukturelle Ungleichheiten zum Thema gemacht wurden, eine andere Phase folgt, in der die Schüler_innen mit Themen befasst sind, die alle Geschlechter in ähnlicher Weise betreffen und Differenzen nicht in den Vordergrund rücken.

6.4.2 Geschlechtsspezifische Zugänge reflektieren

Das Dilemma der Kategorisierungen tangiert auch den Umgang mit geschlechtsspezifischen Zugängen bei der Planung und Durchführung von Unterricht. In der Praxis müssen unterschiedliche Zugänge zu einer Thematik, verschiedene Motivationen und Bedürfnisse z. B. von Mädchen und Jungen reflektiert und beachtet werden. In zahlreichen fachdidaktischen Analysen wurde beispielsweise nahelegt, dass Mädchen und Jungen tendenziell andere Lernzugänge wählen. So haben Mädchen z. B. in Mathematik Stärken bei sogenannten Kalkülaufgaben, die nur einen Lösungsweg zulassen und klare Vorgaben und Begriffe fordern, Jungen hingegen bevorzugen demnach eher offenere, komplexere und räumliche Fragestellungen (Budde, 2009, S. 7). Für den Sport wurden geschlechterbewusste didaktische Themen wie Angst, Kraft, Raum entwickelt, entlang derer eine Ballspielvermittlung aufbereitet werden sollte. Auch für die Interaktionsstrukturen im Unterricht wurden geschlechtsspezifische Ungleichverteilungen nachgewiesen – sowohl qualitativ wie quantitativ. So groß die Gefahr ist, solche Unterschiede biologistisch zu interpretieren, die Mechanismen zu ignorieren, die diese Differenzen hervorbringen, und sie durch unreflektierte Übernahme und pauschale Zuschreibungen noch zu verstärken, Lehrkräfte müssen ihnen in der schulischen Praxis Rechnung tragen. Dies gilt im Sinne der Individualisierung für einzelne Schüler_innen. Es kann jedoch auch durchaus sinnvoll sein, geschlechtsspezifische Angebote zu machen oder bei bestimmten Themenstellungen geschlechtshomogene Gruppen zu bilden, auch wenn dies problematisch ist, da hierbei die Binarität der Geschlechterordnung vorausgesetzt und verfestigt wird.

6.4.3 Geschlechtergerechte Sprache verwenden

Sprache bildet Realitäten ab und schafft Wirklichkeiten. Geschlechtliche und sexuelle Vielfalt sollte sich daher auch sprachlich im Unterricht widerspiegeln. Wird beispielsweise durchgängig das generische Maskulinum benutzt und von Schülern gesprochen, oder ist selbstverständlich die Rede von Vater und Mutter, wenn über Familie gesprochen wird, wird dadurch das System der hierarchischen, heterozentrischen Zweigeschlechtlichkeit immer wieder neu reproduziert. Durch eine konkrete Nichtbenennung sexueller und geschlechtlicher Vielfalt werden vermeintliche Normalitäten (re)produziert, die zu Einschlüssen oder Ausschlüssen führen können. Dagegen führt eine geschlechtergerechte Sprache, die sexuelle und geschlechtliche Vielfalt miteinschließt, nachgewiesenermaßen zu einer verstärkten Wahrnehmung dieser Vielfalt.

6.4.4 Diskriminierungen Einhalt gebieten – offene Diskussionen ermöglichen

Die Art und Weise, mit der Lehrkräfte auf diskriminierende und verletzende Äußerungen reagieren, die im Unterricht z. B. pauschal gegenüber Mädchen, Jungen oder LSBTIQ* geäußert werden, ist von entscheidender Bedeutung für das Unterrichtsklima und die in der Schule herrschenden Normen. Gleichzeitig kann geschlechtliche und sexuelle Vielfalt einer Thematisierung nur zugänglich gemacht werden, wenn Schüler_innen auch eigene abwehrende Gefühle und Positionen angstfrei äußern können. Es ist darauf zu achten, dass dies in einer Form geschieht, die deutlich auf die eigenen, individuell empfundenen Schwierigkeiten fokussiert und nicht auf allgemeine Abwertungen von LSBTIQ* abhebt. So ist es beispielsweise ein großer Unterschied, ob Schüler_innen sagen: „Das ist pervers!", oder ob sie formulieren: „Mit dem will ich nichts zu tun haben!" oder „Das macht mir Stress!". Die Unterscheidung zwischen Abwertung und Diskriminierung sowie der Formulierung persönlicher Befindlichkeit ist zwar bisweilen schwierig, genau deshalb ist es jedoch wichtig, sie im Auge zu haben und sorgfältig zu beachten.

6.4.5 Sich der geschlechtlichen und sexuellen Vielfalt der Lerngruppe bewusst sein

Geschlechtliche und sexuelle Vielfalt ist in jeder Schulklasse repräsentiert. Der Unterricht sollte daher so gestaltet sein, dass alle Schüler_innen sich der Gruppe zugehörig und angesprochen fühlen. Wird über LSBTIQ*-Menschen gesprochen, sollte dies in einer Weise geschehen, die diese nicht als vermeintlich „andere" ausgrenzt und damit gleichzeitig die Norm einer „natürlichen" Zweigeschlechtlichkeit und Heterosexualität bestätigt. Für lesbische oder schwule Schüler_innen ist es beispielsweise fatal, wenn – so als wären sie gar nicht anwesend – abstrakt über Homosexuelle gesprochen wird, da es ihre Gefühle von Isolation und Nicht-Dazugehören verstärkt. Ähnlich fatal ist es, wenn sie als eine Minderheit begriffen werden, die es aus moralischen und ethischen Gründen zu integrieren gilt, und sie damit nicht als selbstverständliches Mitglied der Gruppe angesehen werden. Lehrkräfte sollten sich immer der Tatsache bewusst sein, dass auch die Schülerschaft sexuelle und geschlechtliche Vielfalt repräsentiert und sich auch lesbische, schwule, bisexuelle, trans* oder intergeschlechtliche Schüler_innen oder Kinder aus Regenbogenfamilien in der Klasse befinden.

6.4.6 Die persönliche Integrität der Schüler_innen wahren

Schüler_innen haben ein Recht darauf, dass ihre persönliche Integrität geachtet wird. Dies gilt in besonderer Weise für Fragen, die die eigene Geschlechtlichkeit und Sexualität betreffen. Schüler_innen können am besten selbst darüber entscheiden, was sie wem offenbaren. Die Entscheidung darüber, wo die Grenze des Sagbaren und Benennbaren liegt, fällt allein die betroffene Person und muss von Lehrkräften geachtet und geschützt werden. Thematisieren Schüler_innen von sich aus, dass sie z. B. schwul, lesbisch, trans*, intergeschlechtlich oder nicht binär sind, kann der Unterricht in wertschätzender Weise darauf eingehen. Die Erfahrungen und Sichtweisen der Schüler_innen können den Unterricht bereichern. Ein Zwangsouting von Schüler_innen ist dagegen in jedem Fall zu vermeiden.

6.4.7 Einen Bezug zu anderen Dimensionen der Diversität herstellen

Auch für die Schüler_innen, die in Bezug auf ihr Geschlecht und ihre sexuelle Orientierung den herrschenden Normen entsprechen, ist die Erfahrung von Abweichung und Verschiedenheit meist nichts Unbekanntes. Ihre Ausgrenzungserfahrungen beruhen z. B. auf ihrer Herkunft, auf Armut, Krankheit, Behinderung, Hautfarbe, Religion, körperlicher Konstitution oder der Verschränkung verschiedener Aspekte. Werden diese verschiedenen Dimensionen der Diversität einbezogen und in Bezug zueinander gesetzt, wird Verschiedenheit als eine Selbstverständlichkeit des Lebens erfahrbar gemacht. Durch die Betonung der gemeinsamen Erfahrung haben die Schüler_innen die Chance, zu einem tieferen Verständnis von Verschiedenheit zu finden. Geschlechtliche und sexuelle Vielfalt sollte daher immer wieder in den größeren Kontext von Diversität gestellt werden, um Querverbindungen im Sinne von Intersektionalität sichtbar zu machen.

6.4.8 Die eigene Haltung klären

Die Authentizität der Lehrkraft ist ein entscheidender Faktor für eine gelingende Bildungs- und Erziehungsarbeit. Da Fragen zu Geschlecht und Sexualität den Kern eines jeden Menschen betreffen, werden Lehrkräfte auch im Kern ihrer Profession gefordert, wenn sie sich Fragen zu Geschlecht und sexueller Vielfalt stellen müssen. Will eine Lehrkraft die Ziele geschlechterbewusster inklusiver Pädagogik glaubhaft vertreten und sollen ihre Aussagen stimmig sein mit dem, was sie als Person repräsentiert, setzt dies voraus, dass sie ihre eigene Haltung reflektiert hat. Lehrkräfte sollten Klarheit darüber haben, welche Haltung und Einstellung sie zur Geschlechtervielfalt und insbesondere gegenüber LSBTIQ*-Menschen haben, welchen Männer- und Frauenbildern sie folgen und welchen Prozess sie selbst bei ihrer eigenen Entwicklung durchlaufen haben. Dazu gehört es auch, sich eigener verinnerlichter Vorurteile und Wertungen bewusst zu werden. Nur so ist es möglich, im Unterricht didaktisch souverän und pädagogisch einfühlsam zu handeln und zu vermeiden, selbst unbemerkt zu Ausgrenzungen und Stigmatisierungen beizutragen.

Inwieweit Lehrkräfte auf Fragen zu ihrer eigenen Person bezüglich Geschlecht und sexueller Orientierung eingehen bzw. diese offenlegen sollten, lässt sich nicht pauschal beantworten. Vorbildfunktion, Authentizität und Entlastung sprechen dafür, das schulische Umfeld kann dagegensprechen. Bei einem Coming-out von Lehrkräften ist der Einbezug und die Unterstützung durch Schulleitung und Kollegium ein wichtiger Faktor (vgl. GEW, 2012).

Grundsätzlich gilt, dass weder die Grenzen von Schüler_innen noch von Lehrer_innen überschritten werden dürfen, und Lehrkräfte eine professionelle Distanz einnehmen müssen (vgl. Schule der Vielfalt – NRW, 2018, S. 42 f.).

7 Lehrkräfte professionalisieren

7.1 Eine gemeinsame Basis im Kollegium schaffen

Der schulinternen Fortbildung kommt eine Schlüsselrolle zu, wenn Schulen sich auf den Weg machen, eine Schule der Vielfalt zu werden. Im ersten Schritt einer solchen Fortbildung ist es wichtig, eine gemeinsame Basis im Kollegium zu schaffen, d. h. Wissen und Kompetenzen bezüglich geschlechtlicher und sexueller Vielfalt zu vermitteln, um sich darauf aufbauend in einem zweiten Schritt auf gemeinsame Ziele und Wege zu verständigen. Gerade Letzteres gelingt am besten, wenn das gesamte Kollegium (gegebenenfalls unter Einbeziehung von Schüler_innen und Eltern) fortgebildet wird. Denkbar ist aber auch, mit der Fortbildung einer kleineren Gruppe anzufangen. Diese kann dann mit der praktischen Arbeit beginnen und ihre Erfahrungen und ihr Wissen nach und nach in die Arbeit der Fachkonferenzen sowie der verschiedenen schulischen Gremien einbringen. Dieser Weg empfiehlt sich insbesondere dann, wenn das Gesamtkollegium zunächst nicht für die Fortbildung gewonnen werden kann, weil es entweder vorrangigere Anliegen oder Vorbehalte und Widerstände gegen die Beschäftigung mit dem Thema „Geschlechtliche und sexuelle Vielfalt" gibt. Diesen Vorbehalten und Widerständen liegen in der Regel Unkenntnis und Missverständnisse bezüglich der Frage zugrunde, was die Inhalte einer solchen Fortbildung sind, warum diese notwendig ist und welche Ziele sie verfolgt. Sie lösen sich bisweilen erst dann auf, wenn durch die Arbeit eines Teilkollegiums sachliche Informationen vermittelt werden können und klar wird, wie stark die Auseinandersetzung mit Fragen des Geschlechts tatsächlich den schulischen Alltag und die pädagogische Arbeit jeder einzelnen Lehrkraft und der gesamten Schule bestimmt.

Zunächst braucht es zu Beginn einer Fortbildung die Klärung hinsichtlich der Frage, worüber eigentlich gesprochen wird, wenn es um das Thema Geschlecht geht und welche Grundannahmen dem Thema zugrunde liegen. Die in Kapitel 1 dargelegten Inhalte haben sich als äußerst hilfreich erwiesen, in einem Kollegium zu einer sachlichen Diskussion über diese Fragen zu finden und diejenigen Aspekte zu beleuchten, die für die schulische Praxis von Bedeutung sind. Insbesondere die Begrifflichkeit des „Doing Gender" kann dabei anschaulich werden lassen, welche Anforderungen Kinder und Jugendliche in der Auseinandersetzung mit ihrer eigenen Geschlechtlichkeit bewältigen müssen und welche Auswirkungen dies auf die Lern- und Entwicklungschancen von Schüler_innen haben kann. Dabei geht es z. B. um Lern- und Leistungsverweigerung, Selbstbegrenzung und Nichtausschöpfen der eigenen Potenziale bis hin zu Diskriminierung und Gewalt gegen andere (siehe Kap. 2). Die Fortbildung im Kollegium dient dem Ziel, dass alle teilnehmenden Lehrkräfte diese theoretischen Analysen kennen und sie in Bezug zu den eigenen Erfahrungen setzen. Auf dieser Grundlage kann die Situation an der Schule gemeinsam mit den Kolleg_innen reflektiert werden, eine Verständigung über gemeinsame Zielsetzungen erfolgen, und es können konkrete Maßnahmen geplant werden (siehe hierzu genauer Palzkill, 2017).

Einführungsveranstaltung

Geschlechterbewusste inklusive Pädagogik

I. **Begrüßung/Vorstellung**

II. **Einstimmung auf das Thema**
(Quiz zu Fragen von Gender und LSBTIQ*)

III. **Input** zu Grundlagen und Zielen geschlechterbewusster inklusiver Pädagogik

IV. **Austausch und Arbeit in Kleingruppen**
Fragestellungen:
- Inwieweit stimmt das Referierte mit unseren Erfahrungen in dieser Schule überein?
- Auf welche Zielsetzungen können wir uns grundsätzlich verständigen?
- Was tun wir schon, um diese zu erreichen?
- Wo sehen wir Handlungsbedarf?

V. **Auswertung im Plenum**
(inklusive weiterer Planungsschritte)

Beispiel einer Einführungsveranstaltung.

7.2 An vorhandene Kompetenzen anknüpfen

Haben in der Schule schon Fortbildungen zu anderen Diversitätsdimensionen – wie transkulturelle Bildung, soziale Ungleichheit, Inklusion, Migration usw. – stattgefunden und wurden hierzu schon Konzepte erarbeitet, empfiehlt es sich, hieran anzuknüpfen und die Kompetenzen, Handlungsstrategien und Strukturen, die in diesen Bereichen bereits erworben wurden, zu nutzen. Erfahrungsgemäß gelangen Lehrkräfte, deren Schwerpunkt beispielsweise in der antirassistischen Arbeit, der transkulturellen Bildung oder der Sonderpädagogik liegt, zu einem tieferen gegenseitigen Verständnis, wenn sie die Parallelen in den verschiedenen Arbeitsfeldern erkennen. Der Blick auf die Gemeinsamkeiten öffnet den Weg für die Verschränkung der Handlungsstrategien.

Zudem sind auch den Lehrkräften selbst Erfahrungen von Abweichung und Verschiedenheit meist nicht fremd. Für die einen steht das Geschlecht, für die anderen die Hautfarbe, die Herkunft, die Religion, der sonderpädagogische Unterstützungsbedarf, eine Krankheit oder anderes im Vordergrund. Oft sind mehrere dieser Aspekte miteinander verwoben. Diese Erfahrungen können zu einem vertieften Verständnis von geschlechtlicher und sexueller Vielfalt führen, wenn die einzelnen Dimensionen von Diversität im Sinne eines intersektionalen Ansatzes in der Fortbildung miteinander verknüpft und erfahrbar gemacht werden.

7.3 Fachspezifische Fortbildung – schulische Curricula anpassen

Dass geschlechtliche und sexuelle Vielfalt im Unterricht reflektiert und abgebildet wird, ist für eine geschlechterbewusste inklusive Arbeit von zentraler Bedeutung (siehe Kap. 6). Oftmals beginnen zunächst einzelne Mitglieder eines Fachbereichs, entsprechende Unterrichtsreihen zu entwickeln, Unterrichtsmaterialien zu erstellen und Unterrichtsbeispiele zu erproben. Langfristig und umfassend wirksam wird die fachspezifische Arbeit dann, wenn die entsprechenden Inhalte, Methoden und Materialien in den schulinternen Curricula der einzelnen Fächer verankert werden. Dies erfordert eine Auseinandersetzung in der Fachkonferenz über die in Kapitel 6 dargestellten Themenbereiche (Auswahl von Inhalten und didaktische Ausarbeitung, Gestaltung von Unterrichtsmaterialien, Reflexion geschlechtsspezifischer Zugänge, geschlechtergerechte Sprache usw.). Fachspezifische Fortbildungen zu geschlechterbewusster inklusiver Pädagogik und der schulübergreifende Austausch von bereits erarbeiteten und erprobten Materialien können diesen Prozess unterstützen.

7.4 Genderkompetenzen der einzelnen Lehrkräfte stärken

Die professionelle Kompetenz der einzelnen Lehrkraft spielt für den pädagogisch-didaktischen Prozess eine entscheidende Rolle. Dabei stellt das Fachwissen eine notwendige, aber keine ausreichende Voraussetzung für die Unterrichtsqualität dar (Begall, 2018). Mitunter wird das Wissen über sich selbst sogar als übergeordnete Kategorie jeglichen beruflichen Wissens verstanden. Es wird als grundlegend dafür angesehen, inwieweit die Lehrperson sich selbst versteht und wie sie mit sich selbst umgeht. Erfahrungen zeigen, dass die innere Bereitschaft genderorientiert zu handeln, eine wesentliche Bedingung für das Gelingen eines qualitätsvollen geschlechterbewussten, inklusiven Unterrichts ist. Die Fähigkeit zur Selbstreflexion sowie eine professionelle Leitungskompetenz stellen dabei zwei zentrale Kompetenzbereiche dar.

7.4.1 Die professionelle Haltung weiterentwickeln

Jede Lehrkraft unterrichtet nicht nur Fächer, sondern ist gleichzeitig auch mit ihrer Persönlichkeit präsent und wirkt als Vorbild. D. h. sie agiert in ihrer Geschlechtlichkeit und repräsentiert bestimmte Geschlechterbilder. Je bewusster die Lehrkraft sich diesbezüglich im Vorfeld mit sich selbst auseinandergesetzt und ihre eigenen Normen, Überzeugungen und Werte reflektiert hat, desto eindeutiger und authentischer kann sie interagieren. Der Maßstab für das eigene Handeln ist grundsätzlich der professionelle Auftrag der Lehrkraft. Schüler_innen in ihrer Entwicklung umfassend zu fördern und zu begleiten, erfordert Kenntnis und eine reflexive Haltung in Fragen von Gender und Diversität ebenso wie die Aus- bzw. Weiterbildung von Selbstkompetenzen. Dies bedeutet z. B., sich in stressigen Situationen beruhigen zu können und gelassen zu bleiben, Ambiguitätstoleranz zu entwickeln und Dilemmata nicht persönlich zu nehmen.

Neben der Arbeit an ihren Selbstkompetenzen sollte eine Lehrkraft:

- die eigenen Auseinandersetzungen mit Fragen von Geschlecht und sexueller Orientierung reflektieren und die eigene Genderbiografie kennen,
- die eigenen genderorientierten Normen, Werte, Überzeugungen sowie das eigene diesbezügliche Handeln reflektieren,
- einen bewussten, durchdachten Standort im Genderdiskurs einnehmen.

Lehrkräfte bringen diese Kompetenzen zu Beginn ihrer Berufstätigkeit in mehr oder minder ausgeprägter Weise mit und der Prozess der Weiterentwicklung ist nie abgeschlossen. Schulinterne wie externe Fortbildungen sowie kollegiale Beratungen und Supervisionen sind für eine Weiterentwicklung förderlich, sofern sie so gestaltet sind, dass der professionelle Auftrag der Lehrkraft im Vordergrund steht und persönliche Grenzen gewahrt bleiben.

7.4.2 Leitungskompetenz stärken

Die professionelle Leitung einer Klasse ist die Bedingung für guten Unterricht, eine lernfördernde Atmosphäre der Schlüssel zum erfolgreichen Unterrichten und Erziehen. Niemand wird sich auf einen Lernprozess einlassen, wenn die Gefahr besteht, ausgelacht oder gar ausgegrenzt zu werden. Eindeutige Grenzziehungen und ein konsequentes Eingreifen bei Abwertungen und Ausgrenzungen helfen, damit sich Schüler_innen sicher fühlen und ihre Meinung vertreten können. In Kapitel 8 werden Maßnahmen und Kompetenzen ausgeführt, die sexualisierter Gewalt Einhalt gebieten und einen achtsamen Umgang zwischen Lehrpersonen und Schüler_innen etablieren können. Fortbildungen in den Bereichen Classroom-Management, Stärkung von Leitungs- und Durchsetzungskompetenz, Kommunikation usw. sind in diesem Sinne wichtige Bestandteile für die Entwicklung von Genderkompetenz.

7.5 Angebote der staatlichen Fortbildung und freier Träger nutzen

Die staatliche Fortbildung für Lehrkräfte sowie private Träger kommen dem Bedarf von Schulen nach qualifizierter Fortbildung im Bereich Gender und Diversität zunehmend entgegen. Im Folgenden ist beispielhaft das Angebot der Bezirksregierung Köln aufgelistet, das seit 2017 existiert und in sehr hohem Maße nachgefragt wird. In Kapitel 15 finden sich weitere Angebote freier Träger.

Fortbildungsangebote zu „Gender und Diversität" der Bezirksregierung Köln

I. *Niemand darf ausgegrenzt werden! – Diskriminierung von LSBTI* begegnen*

In jeder Klasse gibt es Schüler_innen, die lesbisch/schwul/bi/transsexuell/intergeschlechtlich (lsbti) sind. Die Fortbildung vermittelt Ansätze, Sachkenntnisse und Best-Practice-Beispiele für den Umgang mit Diskriminierung in der Schule. Sie erarbeiten und diskutieren auf der Basis von unterschiedlichen Methoden und bereits bestehenden Materialien Handlungsmöglichkeiten für den eigenen Unterricht, um Diskriminierung angemessen begegnen zu können.*

II. *Projektschule im Antidiskriminierungsnetzwerk „Schule der Vielfalt" werden*

In dieser Fortbildung erfahren Sie, wie Ihre Schule Projektschule im Antidiskriminierungsnetzwerk „Schule der Vielfalt – Schule ohne Homophobie" werden kann. Sie erfahren und beurteilen Handlungsmöglichkeiten, wie Sie das Programm an Ihrer Schule anstoßen und gemeinsam mit anderen nachhaltig im Schulprogramm verankern: von der Auftaktveranstaltung über mögliche Projekttage bis hin zu fächerübergreifenden Unterrichtsmaterialien.

III. *Dem Sexismus keine Chance geben! Für ein geschlechtergerechtes Unterrichtsklima*

Schüler_innen sind oft mehr mit der Inszenierung ihrer Geschlechtlichkeit beschäftigt als mit dem Unterricht. Dies ist eine häufige Ursache für Störungen, Konflikte sowie ein schlechtes Lernklima und Selbstbehinderung beim Lernen.

In dieser Fortbildung lernen Sie die Ursachen für destruktives Verhalten von Mädchen und Jungen kennen und besser verstehen. Sie erproben konkrete Methoden, mit denen Sie in Ihrer Klasse für mehr Offenheit und Sicherheit bei der Auseinandersetzung mit dem Thema „Geschlecht" sorgen können.

IV. *Lesbisch, schwul, bi, trans*, inter* angemessen im Unterricht thematisieren*

Auf Grundlage der bisher durchgeführten Fortbildungen im Themenbereich „Gender und Diversität" erfahren und beurteilen Sie Handlungsstrategien gegenüber Diskriminierung im Unterricht. Dazu werden grundsätzliche Prinzipien sowie erprobte Unterrichtsentwürfe aus verschiedenen Fächern vorgestellt und für den eigenen Bedarf weiterentwickelt. Sie bekommen Unterrichtsmaterialien wie Filme, Literaturlisten und Links zur Verfügung gestellt und diskutieren sie im Hinblick auf ihre Plausibilität sowie auf ihre Einsatzmöglichkeiten im eigenen Unterricht. Das Einbringen eigener Unterrichtsprojekte ist erwünscht.

(Ausschreibungstexte der Bezirksregierung Köln, 2017)

8 Grenzen setzen gegen Diskriminierung und sexualisierte Gewalt

Trotz aller Präventionsmaßnahmen muss sich jede Schule darauf einstellen, dass auch in ihrem Bereich Diskriminierungen und alle Formen sexualisierter Gewalt vorkommen können. Diese reichen wie in den Kapiteln 2.2 und 2.3 dargestellt wurde, von sexistischen oder homo- und trans*feindlichen Beleidigungen sowie entsprechenden Gesten über körperliche Grenzverletzungen bis hin zu schwerer sexueller Gewalt. Wie stark ihnen Einhalt geboten werden kann, hängt wesentlich davon ab, inwieweit die verschiedenen Formen von Diskriminierung und sexualisierter Gewalt als solche wahrgenommen und erkannt werden, welchen Stellenwert die Thematik in der Schule hat, wie Lehrkräfte auf ihr Auftreten reagieren und inwieweit die Schule Maßnahmen und Leitlinien zur Intervention entwickelt hat.

8.1 Grundlagen der Arbeit gegen Diskriminierung und Gewalt

Um jeder Form von Diskriminierung und Gewalt erfolgreich zu begegnen, müssen zuerst die Voraussetzungen für wirksame Interventionsstrategien geschaffen werden (vgl. Klein/Palzkill, 1998, S. 53):

- Sensibilität und Bereitschaft zur Wahrnehmung
- Handlungsbereitschaft und Wille zur Veränderung
- Möglichkeit des offenen Diskurses

Alle aus der Erforschung von sozialen Problemen als „Neutralisierungsstrategien" bekannten Verhaltensweisen wirken behindernd bzw. sogar verhindernd bei der Entwicklung wirksamer Handlungsstrategien gegen Gewalt und sollten daher unbedingt vermieden werden:

Neutralisierungsstrategien – Hindernisse bei der Entwicklung von Handlungsstrategien

- *Negieren*
  Übergehen, Schweigen
- *Bagatellisieren*
  „Stellt euch doch nicht so an!"
  „Das ist doch nicht so schlimm!"
  „Wir haben wichtigere Probleme!"
- *Schuldzuweisung an die Opfer*
  „Die haben sich ja auch aufreizend verhalten."
  „Was bewegen die sich auch so tuntig."
  „Die wehren sich ja auch nicht richtig."
- *Normalisieren*
  „Das gehört in dem Alter dazu."
  „Das war schon immer so."
  „Das ist doch normal."
- *Abwertung und Isolation derer, die Gewalt benennen*
  Zum Beispiel in Bezug auf eine Lehrerin, die sich über den Gebrauch von abwertenden Schimpfwörtern aufregt: „Die muss auch alles sofort hochspielen."

In welchem Ausmaß Diskriminierungen und die verschiedenen Formen sexualisierter Gewalt in der Schule stattfinden, hängt wesentlich davon ab, inwieweit erstens die drei als Voraussetzung beschriebenen Faktoren hierfür geschaffen werden und zweitens Neutralisierungsstrategien ihre Wirksamkeit genommen wird.

8.2 Diskriminierung und sexualisierte Gewalt unter Schüler_innen

Folgende fünf Faktoren entscheiden darüber, inwiefern es in einer Schule gelingt, Diskriminierungen und sexualisierter Gewalt unter Schüler_innen Grenzen zu setzen: Wahrnehmungsbereitschaft, Handlungsbereitschaft, positives Vorbild und Durchsetzungskompetenz der Lehrkräfte sowie Verständigung auf gemeinsame Handlungsstrategien im Kollegium (siehe Klein/Palzkill, 1998).[23]

8.2.1 Wahrnehmungsbereitschaft entwickeln

Diskriminierungen und sexualisierter Gewalt unter Schüler_innen kann eine Lehrkraft nur dann Einhalt gebieten, wenn sie diese überhaupt als solche wahrnimmt und sie für gravierend erachtet. Aufgrund der insgesamt in der Gesellschaft weit verbreiteten Normalisierung und Bagatellisierung sexualisierter Gewalt ist jedoch davon auszugehen, dass auch bei den Lehrkräften gewisse „Gewöhnungseffekte" eingetreten sind, sodass sie sogar deutliche Übergriffe aus der eigenen Wahrnehmung ausblenden. Der erste Schritt besteht daher darin, Sensibilität und Wahrnehmungsbereitschaft durch eine aktive Auseinandersetzung mit der Thematik zu entwickeln. Hierzu gehört es insbesondere zu reflektieren, was die eigenen Strategien sind, mit Übergriffen gegen die eigene Person umzugehen. Dominieren bei einer Lehrkraft Bewältigungsstrategien wie Stark-Sein, Wegstecken, Ignorieren, dürfte es ihr schwerfallen, Sensibilität und Wahrnehmungsbereitschaft für die Grenzverletzungen unter Schüler_innen zu entwickeln, solange sie sich dieser Mechanismen nicht bewusst ist.

23 Die dargestellten fünf Faktoren wurden in der Studie von Klein/Palzkill (1998) ursprünglich in Bezug auf sexistische Gewalt gegen Mädchen herausgearbeitet. Verallgemeinernd werden sie hier für alle Formen sexualisierter Gewalt formuliert (vgl. Palzkill, 2017b, S. 271–273).

8.2.2 Stellung beziehen und Handlungsbereitschaft zeigen

Selbst dann, wenn eine Lehrperson für die Thematik sensibilisiert ist und nicht einfach über z. B. homo- und trans*feindliche oder sexistische Sprüche hinweghört, erfährt sie oft gar nicht, was Schüler_innen zu ertragen haben. Diskriminierende herabwürdigende Bemerkungen von Mitschüler_innen werden zwar durchaus auch laut mitten im Unterricht gesagt, aber doch so, dass die Lehrkraft nichts davon hört. Schüler_innen beschweren sich in der Regel nur dann bei der Lehrperson darüber, wenn sie davon ausgehen können, dass ihre Beschwerde nicht bagatellisiert wird und dass die Lehrperson etwas zur Veränderung der Situation unternimmt. Eine wichtige Aufgabe der Lehrkraft ist daher, das Erlebte als unrechtmäßig und nicht selbstverständlich zu benennen, offen anzusprechen und glaubhaft zu verdeutlichen, dass sie handelt, um die Situation zu ändern. So kann sie etwa beim ersten sich bietenden Anlass sehr deutlich formulieren, dass sie abwertende Begriffe, wie z. B. Schwuli, Schlampe oder Lesbe in keiner Weise duldet und sie konsequent gegen jede Form von sexualisierter Gewalt vorgehen wird, sobald sie Kenntnis darüber hat. Erfahren die Schüler_innen in der Praxis, dass sie es mit diesen Ankündigungen ernst meint, wirkt sich dies erfahrungsgemäß sehr positiv in Hinblick auf einen respektvollen Umgang zwischen Schüler_innen und Lehrkraft aus.

8.2.3 Vorbild sein – das eigene Verhalten reflektieren

Interventionen der Lehrkraft zeigen bei den Schüler_innen jedoch nur dann Wirkung, wenn sie diese glaubhaft und authentisch vertritt. Dies setzt voraus, dass sie einen klaren Standpunkt bezüglich der eigenen Position in der herrschenden Geschlechterkultur entwickelt hat und die Wirkung des eigenen Verhaltens auf die Schüler_innen reflektiert. Hierzu gehört es insbesondere, sich selbst von allen Formen sexualisierter Gewalt innerlich und äußerlich zu distanzieren und sich nicht unbewusst mit übergriffigen Schüler_innen zu solidarisieren. Denn Schüler_innen spüren sehr genau, ob es die Lehrkraft ernst meint, wenn sie sie zur Rede stellt oder nicht. Verhalten sich Lehrkräfte gegenüber Schüler_innen abwertend, verletzen sie deren Integrität z. B. durch homo- und trans*feindliche oder sexistische Sprüche, oder werten sie Schüler, die nicht dem gängigen Männlichkeitsideal entsprechen, ab, so wird dies von bestimmten Schüler_innen als Bestätigung der Rechtmäßigkeit ihres Verhaltens aufgefasst.

8.2.4 Eine Grenze ziehen – Durchsetzungskompetenz entwickeln

Es erfordert viel Kraft, Ausdauer und Durchsetzungskompetenz von einer Lehrkraft, denen, die diskriminieren und Gewalt ausüben, sich respektlos verhalten und die gesetzten Regeln verletzen, immer wieder Grenzen zu setzen. Ein Training der dafür notwendigen verbalen und nonverbalen Fähigkeiten hat sich für Lehrkräfte als äußerst hilfreich erwiesen (siehe z. B. das Konzept der „Kontrolliert eskalierenden Beharrlichkeit" [Rhode/Meis, 2014], die „Prinzipien achtsamer Selbstbehauptung" [Palzkill/Scheffel, 2005] oder Konzepte der gewaltfreien Kommunikation [Rosenberg, 2016]). Sie erleichtern es Lehrkräften, Grenzen kraftsparend und effektiv zu setzen.

Dabei hängt die Wirksamkeit dieser Trainings in großem Ausmaß davon ab, ob die Schule sich gemeinsam mit Schüler_innen und Eltern darauf verständigt hat, mit welchen Konsequenzen Schüler_innen, die sich diskriminierend und grenzverletzend verhalten, rechnen müssen.

8.2.5 Sich im Kollegium verständigen – gemeinsam handeln

So selbstverständlich dies erscheint, so schwierig kann sich eine Verständigung im Kollegium in der Praxis erweisen. Denn alle der in Kapitel 8.1 beschriebenen Neutralisierungsstrategien können dazu führen, dass die Existenz von Diskriminierung und sexualisierter Gewalt in der Schule verdrängt bzw. geleugnet und eine Thematisierung im Keim erstickt wird. Damit ist die Chance vertan, gemeinsam Grenzen aufzuzeigen. Dieser Gefahr kann dadurch begegnet werden, dass explizite Diskriminierungsverbote und Regeln zum achtsamen Umgang miteinander in der Schulgemeinde diskutiert und in die

Shutterstock / Borja Andreu

Schulordnung aufgenommen werden. Im schulischen Alltag hängt die Frage der Umsetzung dann wesentlich davon ab, inwiefern diejenigen, die Diskriminierungen und sexualisierte Gewalt benennen und dagegen intervenieren, in der Praxis unterstützt werden und inwieweit es Strukturen und Verfahren gibt, die den Umgang mit Verstößen regeln. Letztlich sind einzelne Lehrkräfte dabei auf institutionelle Unterstützung durch die Schulleitung und die Schuladministration sowie eine Verankerung der Antidiskriminierungsarbeit im Rahmen der Schulentwicklung (vgl. Kap. 4) angewiesen.

8.3 Diskriminierung und sexualisierte Gewalt von Schüler_innen gegenüber Lehrkräften

Diskriminierendes Verhalten und sexualisierte Gewalt von Schüler_innen gegenüber Lehrkräften haben, wenn sie nicht zurückgewiesen werden, eine fatale Auswirkung nicht nur auf die betroffene Lehrkraft, sondern auch auf die Schüler_innen – seien sie selbst übergriffig oder Zeug_innen solcher Vorfälle. Denn Lehrkräfte etablieren allein aufgrund ihrer Vorbildfunktion durch ihr Verhalten „Normalitätsstandards" und Handlungsselbstverständlichkeiten. Es ist daher unabdingbar, dass Lehrkräfte befähigt werden, sexualisierte Gewalt gegen ihre eigene Person in ihren vielfältigen Formen zu analysieren, sie zu durchschauen und Handlungsstrategien dagegen zu entwickeln. Erfahrungsgemäß ist es hierzu notwendig, dass die einzelne Lehrkraft dabei nicht allein bleibt, sondern die Möglichkeit hat, ihre Erfahrungen in einem geschützten Raum auszutauschen und Strategien zu entwickeln, mit denen sie Angriffe auf ihre persönliche Integrität zurückweisen kann. Supervisionen oder entsprechende Fortbildungen können dabei sehr hilfreich sein. Da Lehrerinnen als Frauen in spezifischer Weise von sexistischer Gewalt und Grenzverletzungen betroffen sind, haben sich auch reine Frauengruppen bewährt (siehe Palzkill/Scheffel, 1996). Dies gilt in ähnlicher Weise für LSBTIQ*-Lehrkräfte, die sich in gewerkschaftlich unterstützten Selbsthilfegruppen zusammengeschlossen haben (siehe Kap. 15).

8.4 Diskriminierung und sexualisierte Gewalt von Lehrkräften gegenüber Schüler_innen

Umgekehrt stellt sich die Frage, wie sich Schüler_innen gegen Diskriminierungen und sexualisierte Gewalt durch Lehrkräfte zur Wehr setzen können. Nachdem im Jahre 2010 zahlreiche Fälle von sexueller Gewalt gegen Schüler_innen öffentlich wurden, ist der Ruf nach Schutzkonzepten laut geworden. Inzwischen steht umfangreiches Material für die Entwicklung solcher Konzepte zur Verfügung. So ist zum Beispiel in vielen Bundesländern allen Schulen ein Ordner des Unabhängigen Beauftragten für Fragen des sexuellen Kindesmissbrauchs bei der Bundesregierung zum Thema „Schule gegen sexuelle Gewalt" zugegangen, dessen Unterlagen die Bestandteile eines solchen Schutzkonzeptes und seiner Implementierung detailiert erläutern (siehe hierzu auch Miosga/Schele, 2018).

Ein Kernpunkt in Bezug auf die Wirksamkeit dieser Schutzkonzepte ist die Frage, wie grundsätzlich gesichert werden kann, dass Lehrpersonen achtsam mit den Grenzen von Schüler_innen umgehen, d. h., diese wahrnehmen und respektieren. Hierzu entwickelte formale Regeln, die z. B. den Zugang von Lehrkräften zu Umkleideräumen usw. regeln, sind notwendig und hilfreich. Allerdings reichen sie allein nicht aus, um Lehrkräften im erforderlichen Maße Handlungssicherheit zu geben und Schüler_innen vor Verletzungen ihrer persönlichen Integrität zu schützen. Hierzu bedarf es eines Klimas der Achtsamkeit, in dem Schüler_innen darin bestärkt werden, eigene Grenzen wahrzunehmen und Grenzüberschreitungen durch die Lehrkraft angstfrei zu benennen. Dazu gehört es insbesondere, Verfahren für Klärungsprozesse festzulegen und diese als selbstverständlichen Bestandteil der Schulkultur zu begreifen. Je offener der Diskurs über die Frage von Grenzen und Grenzverletzungen geführt wird und je selbstverständlicher es ist, Klärungsprozesse einzuleiten, desto wahrscheinlicher ist es, dass ein für die Schule entwickeltes Schutzkonzept nicht nur formal existiert, sondern in der Praxis auch greift.

8.5 Ansprechpartner_innen benennen und Beschwerdestellen einrichten

Trotz aller präventiven Arbeit wird es ein nicht erreichbares Ideal bleiben, dass eine Schule diskriminierungs- und gewaltfrei ist. Selbst wenn Lehrkräfte und Schüler_innen sich aktiv darum bemühen, Diskriminierungen zu vermeiden und Grenzen nicht zu überschreiten, kann nicht ausgeschlossen werden, dass jemand ein bestimmtes Verhalten als diskriminierend oder als Grenzverletzung erlebt und hierüber nicht mit der Person, von der die Verletzung ausgeht, sprechen will oder kann. In diesem Fall sind beide Seiten darauf angewiesen, dass an einer Schule Verfahren etabliert sind, die zu einem möglichst frühen Zeitpunkt zu einer Klärung der Situation beitragen. Alle Mitglieder der Schulgemeinde, Erwachsene wie Kinder und Jugendliche, sollten wissen, an wen sie sich wenden können, wenn sie sich diskriminiert fühlen oder sexualisierte Gewalt erfahren haben und Unterstützung benötigen. Eine solche Ansprechperson wird nur dann in Anspruch genommen werden, wenn sie das Vertrauen derjenigen genießt, für die sie da ist. Insbesondere muss sichergestellt sein, dass das eigene Anliegen ernst genommen wird, dass z. B. Diskriminierungserfahrungen oder Grenzverletzungen nicht normalisiert oder bagatellisiert werden (vgl. Kap. 8.1). Wichtig ist daher, dass vorab bereits klare und transparente Verfahrensweisen festgelegt worden sind, damit alle wissen, was sie bei den jeweiligen Ansprechpartner_innen erwartet, welche Aufgaben diese haben und welche Hilfestellungen sie anbieten können. Sie können z. B. Handlungsmöglichkeiten aufzeigen, zu einer Selbstvergewisserung beitragen, über Beschwerdeverfahren informieren und gegebenenfalls Hilfen bei der Einleitung solcher Verfahren geben. Bei der Benennung solcher Ansprechpersonen und der Entwicklung von Verfahrensweisen kann die Schule oftmals an Konzepte und Strukturen anknüpfen, die schon existieren. Darüber hinaus sollte geklärt werden, welche Rolle externe Beschwerdestellen und Ansprechpartner_innen spielen können (zu rechtlichen Fragen z. B. in Bezug auf Beschwerden gegen die Diskriminierung durch Lehrkräfte siehe Kap. 11). Eine Orientierung bei der Entwicklung eines auf die eigene schulische Situation zugeschnittenen Verfahrens bietet der Praxisleitfaden der Antidiskriminierungsstelle des Bundes (2018).

9 Genderkompetente Beratung anbieten[24]

Mehmet ist Schüler der 8. Klasse und ein eher schmächtiger, sensibler Junge mit langen Haaren und einem Hang zu schöngeistigen und künstlerischen Dingen. Konflikten geht er lieber aus dem Weg.
Bei seinen Mitschülerinnen ist er beliebt, seine Mitschüler finden ihn aber „zu weiblich". Sie hänseln ihn damit und geben ihm zu verstehen, dass er wohl „ein Mädchen" sei. Manche haben ihn auch als Schwulen beschimpft. Solche Beschimpfungen häufen sich auch im Klassen-Chat. Mehmet hält es deswegen in der Schule nicht mehr aus und beginnt zu schwänzen.

Nora ist Schülerin einer 10. Klasse, in der eine offene und freundliche Atmosphäre herrscht. Sie outet sich in ihrer Klasse als lesbisch. Als diese Information zu Schülerinnen aus der Nachbarklasse durchdringt, beginnen diese sie anzufeinden und links liegen zu lassen, obwohl sie zuvor ein gutes Verhältnis zu ihr hatten. Sie zieht sich in allen Unterrichtsstunden, an denen Schülerinnen aus der Nachbarklasse beteiligt sind, völlig zurück und fällt in diesen Fächern in ihren Leistungen ab.

Alex, Schüler der gymnasialen Oberstufe, weiß seit Langem, dass er schwul ist. Es ist für ihn aber undenkbar, sich seinen Eltern gegenüber zu outen. Auch in der Schule weiß nur sein bester Freund, dass er schwul ist. Er hat große Angst davor, dass andere Mitschüler dies erfahren könnten. So passt er sich deren „männlichen Allüren" an, fällt immer wieder mit abwertenden Sprüchen und grenzverletzendem Verhalten auf, fühlt sich aber innerlich zerrissen und wirkt zunehmend unglücklich.

Beraten ist neben Unterrichten, Erziehen und Beurteilen eine Kernaufgabe aller Lehrkräfte (siehe Palzkill/Müller/Schute, 2015, 7ff). Treten wie in den obigen Beispielen Lernschwierigkeiten auf oder lassen Schüler_innen in anderer Weise erkennen, dass sie mit den an sie gestellten Anforderungen aufgrund innerschulischer oder außerschulischer Probleme überfordert sind, so ist es die Aufgabe der Schule, die Schüler_innen dabei zu unterstützen, Wege der Bewältigung zu suchen. Diese Unterstützung kann darin zum Ausdruck kommen, dass Lehrkräfte innerhalb der Schule Beratung anbieten oder die Verbindung zu externen Beratungsstellen vermitteln. Wie die obigen Beispiele verdeutlichen, können auch dann, wenn vordergründig Lern- oder Verhaltensprobleme ins Auge fallen, diesen Problemen durchaus Konflikte bezüglich der Geschlechtlichkeit oder sexuellen Orientierung, die Angst vor den Reaktionen auf ein Coming-out oder entsprechende Diskriminierungserfahrungen zugrunde liegen.

Diese Probleme zu erkennen, ist allerdings nicht einfach und höchstens dann möglich, wenn die Lehrkraft für genderbewusste Fragestellungen sensibilisiert ist und die Schüler_innen wissen, an wen sie sich in der Schule in diesen Situationen wenden können. Dies können

24 Dieses Kapitel basiert auf der Beratungs- und Supervisionspraxis der Autor_innen Birgit Palzkill und Günter Müller. Die Fallbeispiele wurden als fiktive Geschichten konzipiert, die typische Fälle des schulischen Alltags repräsentieren.

Fachlehrer_innen, Klassenlehrer_innen oder Tutor_innen sein. An vielen Schulen gibt es auch Beratungslehrkräfte, die eine besondere Ausbildung und einen weitergehenden Beratungsauftrag haben. Gerade an größeren Schulen arbeiten diese in der Regel in einem Beratungsteam, dem zunehmend auch Schulsozialarbeiter_innen angehören, und dessen Beratungsangebot in einem schulischen Beratungskonzept verankert ist.

9.1 Über Beratungsangebote informieren

Voraussetzung dafür, dass Schüler_innen die Beratungsangebote der Schule nutzen, ist, dass Kolleg_innen ebenso wie Schüler_innen und Eltern wissen, dass und in welcher Form die Schule ihren Beratungsauftrag wahrnimmt. Existiert ein Beratungsteam, hat es sich als sinnvoll erwiesen, dass die Berater_innen sich und ihr Angebot z. B. in den Anfangsklassen, über Aushänge, Flyer, Plakate, auf der schuleigenen Homepage, auf Elternabenden und in Konferenzen vorstellen und erläutern. Je nach Schule gestaltet sich das Beratungsangebot dabei sehr unterschiedlich. Es kann beispielsweise Einzelberatung mit Schüler_innen oder Eltern, Informationsgespräche in einer Klasse im Sinne der Psychoedukation oder kollegiale Beratung umfassen. Je bekannter das Beratungsangebot ist, desto größer ist die Chance, dass Lehrkräfte im Einzelfall Schüler_innen hierauf ansprechen und den Weg zur Beratung ebnen oder Schüler_innen sich aus eigener Initiative an die Berater_innen wenden. Diese sollten sich nicht nur persönlich bekannt machen und Klarheit über die Zugangswege herstellen (Sprechstunden, Terminvereinbarung, Raum, Kontaktaufnahme usw.), sondern auch – z. B. anhand der Beschreibung beispielhafter Beratungsanlässe – deutlich machen, dass sich das Beratungsangebot explizit an alle Schüler_innen in ihrer kulturellen, ethnischen, sozialen, geschlechtlichen und sexuellen Diversität richtet.

9.2 Geschlechtliche und sexuelle Vielfalt explizit benennen

Wenn Schüler_innen überlegen, ob sie sich mit ihren Fragen oder Schwierigkeiten an die schulinterne Beratung wenden sollen, werden sie einschätzen wollen, wie weit sie als Person akzeptiert werden und die Berater_innen sich mit der jeweiligen Frage- oder Problemstellung auskennen.

Aufgrund der scheinbaren Natürlichkeit und Selbstverständlichkeit der binären Geschlechterkategorien „Mann“ und „Frau“ sowie von Heterosexualität (vgl. 1.3) können Schüler_innen zunächst nicht davon ausgehen, dass Berater_innen sie verstehen, wenn sie sich bezüglich ihres Geschlechts oder ihrer sexuellen Orientierung verunsichert fühlen. Dies macht es notwendig, dass die Beratenden bei allen Informationen verdeutlichen, dass sie eine akzeptierende Haltung und Kenntnisse über geschlechtliche und sexuelle Vielfalt haben. Hierzu gehört, das Thema LSBTIQ* explizit zu benennen und zu verdeutlichen, dass LSBTIQ*-Schüler_innen in der Beratung willkommen sind. Beispielsweise kann am Beratungsraum ein Plakat zur Thematik LSBTIQ* angebracht werden, können bei den verschiedenen Informationsformaten Fragen zum Coming-out als Beratungsanlässe genannt werden usw.

Dies kann mit einer umso größeren Selbstverständlichkeit geschehen, je weiter eine Schule auf ihrem Weg zu einer offenen Schulkultur ist und je selbstverständlicher die Sichtbarkeit von LSBTIQ* in der Schulöffentlichkeit generell schon ist (vgl. Kap. 5.3). Allerdings ist bei allen Informationen gleichzeitig darauf zu achten, dass Fragen von Geschlecht und sexueller Orientierung nicht als Probleme einer „Sondergruppe“ von LSBTIQ*-Schüler_innen dargestellt werden, sondern die Auseinandersetzung mit diesen Fragen auch sprachlich als Selbstverständlichkeit beschrieben wird (vgl. die Ausführungen zum Dilemma der Kategorisierungen in 1.5). Damit wird deutlich gemacht, dass geschlechtliche und

Beratung@musterschule.de

Wenn irgendwo der Schuh drückt, …

wenn ihr Probleme habt mit Mitschüler_innen,
dem Lernen, den Lehrer_innen oder zu Hause …

… haben wir Zeit für eure Anliegen und Fragen

und suchen mit euch zusammen nach Lösungen!

**Wir sind offen für alle Schüler_innen,
egal, in welchem Jahrgang ihr seid, welcher Nationalität
und Herkunft ihr seid, welcher Religion ihr angehört,
ob ihr hetero, lesbisch, schwul, bi, cis, trans*, inter* oder queer
seid.**

**In der 1. und 2. großen Pause könnt ihr uns treffen
oder macht einen Termin per E-Mail!**

sexuelle Vielfalt als Normalität begriffen wird und alle Schüler_innen in ihrer Individualität gesehen und unterstützt werden. In größeren Schulen hat es sich als sinnvoll erwiesen, neben Einzelberatungen auch eine Gruppe anzubieten, in der Fragen zu Geschlecht und sexueller Orientierung explizit im Fokus der Beratung stehen. Insbesondere LSBTIQ*-Schüler_innen bietet dies die Möglichkeit, ihre Erfahrungen auszutauschen und ihre Isolation zu durchbrechen.

9.3 Den Zugang zu Beratung diskriminierungsfrei und niederschwellig gestalten

Auch wenn Schüler_innen über die Zugangsmöglichkeiten zur Beratung informiert sind, ist es nicht immer einfach für sie, eine solche Beratung zu nutzen. Ist die Beratung ein geschützter und sicherer Rahmen? Besteht Schweigepflicht der Berater_innen? Ist Beratung ein normales Unterstützungsangebot oder nur für diejenigen, die als krank, gestört oder hoch belastet angesehen werden? Sehen die Mitschüler_innen, wer zur Beratung geht, und besteht dann die Gefahr von Diskriminierungen? Kann ein Termin in der unterrichtsfreien Zeit vereinbart werden? Liegt der Beratungsraum auf dem „Präsentierteller" der Schule oder lässt er sich möglichst ungesehen aufsuchen? Besteht die Möglichkeit, online Kontakt aufzunehmen und sich beraten zu lassen? Diese und andere sind Aspekte, die die Gestaltung eines möglichst diskriminierungsfreien und niederschwelligen Zugangs zur Beratung bestimmen. Je nachdem wie weit es schon gelungen ist, eine offene Schulkultur zu etablieren, ist es leichter oder schwerer, die einzelnen Fragen so zu berücksichtigen, dass Schüler_innen einen leichten Zugang zur Beratung finden.

Umfasst das Beratungsangebot beispielsweise die Teilnahme an einer Gruppe, die sich explizit mit Fragen von Geschlecht und sexueller Orientierung auseinandersetzt und in der sich insbesondere LSBTIQ*-Schüler_innen austauschen können, kann es sinnvoll sein, dieses Angebot unter Angabe von Termin und Ort öffentlich zu machen. Besteht jedoch die Gefahr, dass dies zu viele von einer Teilnahme abhält, mag es besser sein, einzelne Schüler_innen auf dieses Angebot aufmerksam zu machen.

9.4 Berater_innen qualifizieren

Beratung zu Fragen von Geschlecht und sexueller Orientierung kann nur gelingen, wenn die Beratenden sich mit der Thematik auseinandergesetzt und eine akzeptierende Haltung sowie Kenntnisse und Kompetenzen angeeignet haben. Es ist daher unumgänglich, dass diejenigen, die in der Schule Beratung anbieten, sich neben grundlegenden Kompetenzen einer erfolgreichen Gesprächsführung zusätzlich entsprechende Kenntnisse durch Fortbildungen, Literaturstudium oder Austausch mit Kundigen verschaffen (vgl. auch Kap.5 sowie Palzkill/Müller/Schute, 2015). Zumindest eine Lehrkraft sollte sich zudem weitergehende Kenntnisse über die Situation von LSBTIQ*-Schüler_innen und ihre spezifischen Beratungsbedarfe angeeignet haben. Zu konkreten Anlässen kann sie weniger ausgebildete Kolleg_innen unterstützen und als Ansprechperson für das Kollegium gelten. Alle Beratenden sollten jedoch zumindest über die Kenntnisse verfügen, die notwendig sind, um geschlechtliche und sexuelle Vielfalt als Querschnittsaufgabe bei allen schulbezogenen Beratungsthemen mitdenken und berücksichtigen zu können (vgl. Kap. 2.1). Diese Kenntnisse sind insbesondere dann unabdingbar, wenn Fragen zu Geschlecht und sexueller Orientierung, darauf bezogene erlebte Diskriminierungen im schulischen Kontext oder damit in Zusammenhang stehende Beeinträchtigungen der Lern- und Leistungsentwicklung sowie der sozialen Integration Anlass und Schwerpunkt einer Beratung darstellen.

9.5 Die eigene Beratungstätigkeit reflektieren

Berater_innen haben in der Regel die Alltagstheorie der Zweigeschlechtlichkeit (vgl. Kap. 1.1) wie die meisten anderen Menschen als Selbstverständlichkeit erfahren und sind gefährdet, die Normen der heteronormativen Ordnung unbewusst auch im Beratungskontext zu reproduzieren (vgl. Kap. 1.3). Es ist davon auszugehen, dass bei den Berater_innen selbst immer wieder einmal Irritation oder auch Voreingenommenheit entstehen. Diese sollten nicht verdrängt, sondern ins Bewusstsein gehoben und bearbeitet werden. Es ist wichtig, sie als Hinweise wertzuschätzen, die einen Weg weisen, sich der Gefahr von unbewussten Abwertungen zu stellen und einen weiteren Schritt zu einer förderlichen Haltung zu gehen. Die Reflexion der eigenen Beratungstätigkeit ist vor diesem Hintergrund besonders notwendig. Regelmäßige Supervision oder Intervision, z. B. als kollegiale Fallberatung, kann eine solche Reflexion sichern und darüber hinaus die eigenen Handlungsmöglichkeiten entwickeln und erweitern. Insbesondere durch eine externe Supervision oder Intervision können z. B. „blinde Flecken", Verstrickungen, Rollenunklarheiten erkannt und korrigiert werden. Dies sollte als Qualitätsmerkmal in jeder Schule Standard sein.

Shutterstock / Boyko.Pictures

9.6 Mit qualifizierten Einrichtungen und Initiativen vernetzen

Schulische Berater_innen verstehen sich weder als Therapeut_innen, noch können sie den Anspruch haben, allen Beratungsbelangen – insbesondere von LSBTIQ*-Schüler_innen – umfänglich gerecht zu werden. Es ist daher wichtig, dass sie sich ihrer fachlichen und im Schulsystem liegenden strukturellen Grenzen bewusst sind und diese achten. Im Sinne ihrer Lotsenfunktion sollten sie daher mit entsprechend qualifizierten Beratungsstellen, ärztlichen und psychotherapeutischen Praxen und LSBTIQ*-Communities vernetzt sein oder zumindest Kenntnisse über solche externen Anlaufstellen haben.

Für LSBTIQ*-Schüler_innen ist es von besonderer Bedeutung, dass beispielsweise eine therapeutische Praxis oder Beratungsstelle eine akzeptierende Haltung hat und Kompetenzen im Bereich sexueller und geschlechtlicher Vielfalt besitzt – unabhängig davon, mit welchem konkreten Beratungsanliegen sie eine solche Stelle aufsuchen. Es ist daher notwendig, dass schulische Beratung in der Lage ist, Adressen zu vermitteln und LSBTIQ*-Schüler_innen zu ermutigen, sich an entsprechende Stellen zu wenden, oder sie vielleicht sogar auf dem Weg dorthin zu begleiten.

Gleichzeitig eröffnet sich dabei für Berater_innen die Möglichkeit, sich selbst mit Fachleuten auszutauschen und sich Rat und Anregungen bezüglich der Beratung von LSBTIQ*-Schüler_innen zu holen.

In Kapitel 15 sind Adressen von Beratungs- und Anlaufstellen aufgelistet, die die Suche unterstützen können. Es hat sich als hilfreich erwiesen, dass diejenige Person, die als Ansprechpartner_in fungiert, alle Kontakte pflegt und regelmäßig aktualisiert.

10 Trans* und intergeschlechtliche Schüler_innen unterstützen[25]

10.1 Trans* im schulischen Alltag

Die Eltern von Wladimir suchen vor der Einschulung die Grundschule auf und bitten die Schulleiterin, ihr Kind als Mädchen einzuschulen. In seinem gesamten Verhalten habe Wladimir schon als Kleinkind zum Ausdruck gebracht, dass er ein Mädchen sei und Irina genannt werden wolle. Sie hätten dies am Anfang für ein Spiel gehalten und nicht ernst genommen. Auf Anraten des Kindergartens hätten sie sich jedoch beraten lassen und mit der Möglichkeit auseinandergesetzt, dass ihr Kind transgeschlechtlich sein könnte. Für sie sei das ein schwieriger Prozess, doch inzwischen seien sie zu der Überzeugung gelangt, dass es für ihr Kind das Beste sei, wenn es als Irina eingeschult wird. Im Kindergarten sei ihr Kind als Irina bei den anderen Kindern akzeptiert gewesen, aber nun machten sie sich große Sorgen darüber, wie sich die Situation in der Schule entwickeln wird.

Marian, Schüler der 8. Klasse eines Gymnasiums wurde schon in der Grundschule immer für ein Mädchen gehalten. Marian spielte überwiegend mit Mädchen und entsprach in seinem gesamten Verhalten und Habitus dem der anderen Mädchen. Im Gymnasium änderte sich daran nichts. Es nahm auch niemand Anstoß daran, da Marian „immer schon so war". In der Klasse bekam Marian aufgrund seiner schulischen Leistungen und seiner Hilfsbereitschaft viel Anerkennung. Mit Beginn der 7. Klasse verschlechterten sich seine Leistungen jedoch immer mehr. Marian fehlte immer häufiger und wirkte abwesend und bedrückt. Nach einiger Zeit öffnete er sich im Gespräch mit der Klassenlehrerin und erklärte, trans zu sein und eigentlich Maria zu heißen. Seine Freundinnen hätten damit auch kein Problem und würden Maria sagen. Die Mutter sei etwas irritiert, könne jedoch einigermaßen mit der Situation umgehen. Doch der Vater könne dies überhaupt nicht akzeptieren. Er gehe davon aus, dass dies nur „eine Phase sei". Zu Hause gebe es nur noch Streit und so könne das Leben nicht mehr weitergehen.*
Die Klassenlehrerin ist einerseits nicht sehr überrascht über die Eröffnung, dass Marian trans ist und ab sofort in der Schule Maria genannt werden will. Andererseits ist sie verunsichert und weiß nicht, wie sie sich in der Schule und gegenüber den Eltern verhalten soll. Ihr liegt Marias Wohl am Herzen, aber sie will auch nicht über den Willen des Vaters hinweggehen.*

Vanessa, Schülerin der 9. Klasse einer Realschule, war immer eine Schülerin, die kaum auffiel, in der Klasse gut integriert war und in allen Fächern durchschnittliche Leistungen erbrachte. Seit der 8. Klasse zeigte sie jedoch zunehmend auffälliges Verhalten, sie schwänzte häufiger den Unterricht, verhielt sich mal aggressiv, mal völlig introvertiert und fiel in ihren Leistungen immer mehr ab. Ihre Lehrkräfte brachten dieses Verhalten mit den häuslichen Belastungen in Zusammenhang, denen Vanessa im letzten Jahr ausgesetzt war. Die Eltern hatten sich nach einer langen Phase mit zum Teil heftigen Auseinandersetzungen getrennt.

25 Dieses Kapitel basiert auf der Beratungs- und Supervisionspraxis der Autor_innen Birgit Palzkill und Günter Müller. Die Fallbeispiele wurden als fiktive Geschichten konzipiert, die typische Fälle des schulischen Alltags repräsentieren.

Eines Tages bat Vanessa die Klassenlehrerin um ein Gespräch, zu dem auch ihre Eltern gemeinsam kommen wollten. Die Klassenlehrerin ging davon aus, dass die Eltern darüber sprechen wollten, was zu Vanessas Leistungsabfall geführt hatte und wie sie wieder zu alter Stärke zurückfinden und ihren Schulabschluss sichern könnte. Zum vereinbarten Termin erschien Vanessa pünktlich mit ihren Eltern. Ihre Kleidung und die ganze Atmosphäre strahlten eine gewisse Feierlichkeit aus, was nicht zuletzt daran lag, dass Vanessa einen Anzug trug. Die Klassenlehrerin war zunächst etwas verdutzt, doch schnell wurde klar, worum es in diesem Gespräch gehen sollte. Vanessa erklärte, dass sie eigentlich ein Junge sei und ab sofort auch in der Schule Patrick genannt werden wolle. Die Eltern baten die Klassenlehrerin darum, Patricks Anliegen zu unterstützen.

Die Begriffe Transgeschlechtlichkeit, Transidentität oder Trans* beziehen sich auf eine Person, die sich dem Geschlecht, das ihr bei der Geburt zugewiesen wurde, nicht zugehörig sieht. Personen, die sich mit ihrem Geburtsgeschlecht identifizieren, werden dagegen cis-geschlechtlich genannt. Während transgeschlechtliche Menschen bis vor wenigen Jahren noch pathologisiert wurden, ist heute klar, dass Transgeschlechtlichkeit eine Normvariante darstellt und selbst nichts mit Gesundheit oder Krankheit zu tun hat (siehe Rauchfleisch, 2016, S. 14 ff.). Früher war der Begriff Transsexualität gebräuchlich, der auch heute noch insbesondere im medizinischen und juristischen Diskurs Verwendung findet. Dieser ist jedoch irreführend, da bei Trans* nicht die Sexualität oder sexuelle Orientierung im Vordergrund steht, sondern das Geschlecht. Auch die landläufig zu hörende Formulierung, dass transgeschlechtliche Personen ihr Geschlecht wechseln wollten, ist insofern nicht richtig, als transgeschlechtliche Menschen in einer tief verinnerlichten Gewissheit über sich sagen: „Ich habe dieses Geschlecht" bzw. „Ich bin ein Mann, ich bin eine Frau". Dabei sind sie sich der biologischen Konstitution ihres Körpers durchaus bewusst.

Als Transjunge wird ein Kind bezeichnet, das bei der Geburt als Mädchen klassifiziert wurde, sich selbst jedoch als Junge empfindet. Analog ist ein Transmädchen ein Kind, das bei der Geburt als Junge eingeordnet wurde, sich selbst aber als Mädchen sieht. In den obigen Beispielen ist Patrick (ehemals Vanessa) somit ein Transjunge und Maria (ehemals Marian) ist ein Transmädchen.

Eine transgeschlechtliche Person kann jede Form der sexuellen Orientierung leben. So kann sich z. B. ein Transjunge in seiner Liebe und Sexualität zu einem Mädchen hingezogen fühlen und damit von seiner Umwelt als heterosexuell angesehen werden.

Das bei der Geburt zugewiesene Geschlecht wird auch als Zuweisungsgeschlecht bezeichnet. Kinder können schon im Alter von zwei bis vier Jahren wie im Beispiel von Wladimir/Irina zum Ausdruck bringen, dass sie ihr Zuweisungsgeschlecht als falsch empfinden. Sie können dies in ihrem Verhalten, ihrer Gestik, ihrer Sprache und ihren sprachlichen Inhalten, ihren Vorlieben und Neigungen zeigen. Manche Menschen begreifen sich jedoch erst im späteren Leben als trans*.

Nicht alle Menschen, die das ihnen bei der Geburt zugewiesene Geschlecht als Mädchen oder Junge als falsch ablehnen, identifizieren sich mit dem Gegengeschlecht. Manche verstehen sich vielmehr weder als Frau/Mädchen noch als Mann/Junge. Sie sehen ihre Geschlechtlichkeit als eine, die jenseits dieser binären Kategorien liegt und bezeichnen sich beispielsweise als nicht binär oder queer.

Die Lebenssituation, Biografie und Persönlichkeit von transgeschlechtlichen Menschen sind genauso unterschiedlich und vielfältig wie dies bei allen Menschen der Fall ist. Allerdings werden sie mit Situationen und Erfahrungen konfrontiert, die sich von cis-geschlechtlichen Menschen unterscheiden und die besondere

Herausforderungen darstellen. So können sie Diskrepanzen zwischen den ihnen begegnenden Geschlechternormen und den damit verbundenen sozialen Forderungen auf der einen Seite und der Selbstwahrnehmung und Selbstgewissheit auf der anderen Seite als besonders stark empfinden. Je weniger sie gemäß ihrer geschlechtlichen Selbstwahrnehmung leben können, desto leidvoller ist die empfundene Diskrepanz. Einen Ausweg bietet der Prozess der Transition, d. h. der Prozess einer Angleichung an das eigene „wahre" Geschlecht. Die Transition umfasst soziale und juristische Schritte. Die meisten transgeschlechtlichen Menschen – aber nicht alle – wünschen darüber hinaus medizinische Maßnahmen zur Angleichung ihrer körperlichen Erscheinung an ihr Geschlecht.

- **Soziale Transition:** Hiermit ist gemeint, dass die transgeschlechtliche Person das Geschlecht, dem sie sich zugehörig fühlt, nach außen lebt. Dies beinhaltet auch, dass sie – auf zunächst informeller Ebene – einen neuen Namen annimmt. Im obigen Beispiel bitten die Eltern von Patrick die Klassenlehrerin, seine soziale Transition in der Schule zu unterstützen. Patrick soll zukünftig in der Schule als Junge auftreten und mit seinem neuen Namen benannt werden.
- **Vornamens- und Personenstandsänderung:** Nach dem Transsexuellengesetz (TSG) können transgeschlechtliche Menschen bei Gericht die Änderung ihres Vornamens und ihres Personenstands beantragen. Dies gilt auch für Kinder und Jugendliche. Diese Änderungen setzen keine medizinischen Maßnahmen voraus.
- **Medizinische Maßnahmen:** Vor dem Eintritt in die Pubertät sind medizinische Maßnahmen weder erforderlich noch sinnvoll. Zu Beginn der Pubertät können körperliche Veränderungen mithilfe sogenannter Pubertätsblocker unterdrückt werden. Dies kann dann hilfreich sein, wenn Jugendliche oder ihre Eltern mehr Zeit für ihren Prozess der Auseinandersetzung brauchen und Entscheidungen so lange vertagen möchten, bis die Jugendlichen in einem höheren Alter sind. Bei einer später möglichen Hormontherapie erhalten Transmädchen „weibliche" und Transjungen „männliche" Hormone, sodass die Jugendlichen die Pubertät durchlaufen, die ihrem Geschlecht entspricht. Geschlechtsangleichende Operationen, wie z. B. die Entfernung der weiblichen Brüste bei Transjungen, sind ab dem 16. Lebensjahr bei entsprechender ärztlicher Indikation möglich, genitalangleichende Operationen werden nur bei Erwachsenen durchgeführt.

10.2 Wie Lehrkräfte mit Transgeschlechtlichkeit konfrontiert werden

Transgeschlechtliche Kinder und Jugendliche gab es schon immer, sie wurden jedoch in der Schule nur höchst selten sichtbar. Die meisten litten zwar massiv an der von ihnen empfundenen Diskrepanz, hatten jedoch häufig selbst gar keine Erklärung und keinen Begriff für ihr Empfinden oder wagten erst nach ihrer Schulzeit, sich als trans* zu outen. Durch die bessere Information und Sichtbarkeit von Trans* hat sich die Situation verbessert und immer häufiger werden Schulen mit Transmädchen und Transjungen konfrontiert. Die Aufgaben und Handlungsmöglichkeiten der Lehrkräfte gestalten sich je nach Situation unterschiedlich und hängen sowohl vom Alter des Kindes als auch von der Kooperationsbereitschaft der Eltern ab.

10.2.1 Gegengeschlechtliches „Doing Gender"

Wenn ein Kind in seinem Verhalten und seiner Ausdrucksweise weitgehend Geschlechternormen des Gegengeschlechts repräsentiert, kann dies wie im oben beschriebenen Fall von Wladimir/Irina Fragen nach der Geschlechtlichkeit des Kindes aufwerfen. Es kann erstens sein, dass das Kind die herrschenden Geschlechternormen variiert und durchbricht, sich aber als Mädchen oder Junge gemäß seinem Geburtsgeschlecht identifiziert. Seine Geschlechtlichkeit kann zweitens jenseits der Kategorien von Junge/Mädchen liegen oder es kann sich drittens mit dem Gegengeschlecht identifizieren. Zunächst ist eine solche Unterscheidung für den Umgang mit dem Kind nicht vorrangig. Entscheidend ist, dass es in seiner Eigenheit akzeptiert und vor Diskriminierungen geschützt wird. Dennoch ist es sinnvoll, darauf zu achten, wieweit dieses Kind weitere Signale aussendet, die auf Transgeschlechtlichkeit hinweisen können:

- Will z. B. ein Junge nicht mehr mit seinem bisherigen Namen, sondern mit einem Mädchennamen angesprochen werden und reagiert aggressiv oder zieht sich traurig zurück, wenn jemand sich nicht daran hält?
- Zeigt ein Kind kontinuierlich und nahezu ausschließlich Vorlieben und Ausdrucksformen, die eher typisierend dem Gegengeschlecht zugeordnet werden?
- Reagiert es deutlich mit heftigem Widerstand oder großen Ängsten und Verzweiflung, sobald Erwachsene versuchen, ihm dies auszureden oder zu verbieten?
- Bringt das Kind eine tiefe innere Gewissheit einer eigenen, dem Geburtsgeschlecht widersprechenden Geschlechtlichkeit zum Ausdruck und ist befremdet, wenn jemand dies infrage stellt?

Je eindeutiger diese Fragen positiv beantwortet werden können, desto wahrscheinlicher ist es, dass die Zuordnung zu einer anderen Geschlechtskategorie für das Kind eine existenzielle Bedeutung hat.

10.2.2 Mitteilung durch das Trans*kind oder die Eltern

Es ist auch denkbar, dass – wie im Fall von Wladimir/Irina oder Vanessa/Patrick – Eltern auf die Lehrpersonen zukommen und mitteilen, dass sie vermuten oder schon sicher sind, dass ihr Kind trans* ist. Sie werden die Schule bitten, die Besonderheit ihres Kindes zu akzeptieren, ihm einen geschützten Rahmen in der Schule zu ermöglichen, seine soziale Integration zu unterstützen und seine schulische Entwicklung zu fördern. Oft sind die Eltern schon umfassend über Transgeschlechtlichkeit informiert und stellen ihre Informationen gerne den Lehrpersonen zur Verfügung. Aufgabe der Lehrkräfte ist es dann, die Sorgen und Bedürfnisse der Eltern und ihres Kindes ernst zu nehmen und mit ihnen konstruktiv zusammenzuarbeiten.

Bei älteren Kindern und Jugendlichen kommt es immer häufiger vor, dass sie sich – wie Maria im obigen Beispiel – den Klassenlehrer_innen, Beratungslehrer_innen oder Schulsozialarbeiter_innen gegenüber als trans* zu erkennen geben. Vielleicht äußern sie den Wunsch nach Unterstützung des Transitionsprozesses in der Schule oder suchen Hilfe, weil sie für sich Schwierigkeiten in der Schule oder zu Hause sehen. Manchmal haben sie mit ihren Eltern schon über ihre Transgeschlechtlichkeit gesprochen, manchmal noch nicht. Im letzteren Fall wünschen sie vielleicht, dass die Lehrkräfte sie bei dem Gespräch mit den Eltern unterstützen.

Seltener kommt es vor, dass diese Schüler_innen Beratung wünschen, weil sie bezüglich ihrer Geschlechtlichkeit verunsichert sind und Wege suchen, mit dieser Unsicherheit umzugehen und Klarheit zu gewinnen (vgl. Kap. 8).

10.3 Aufgaben von Lehrkräften im Kontext von Trans*

Lehrkräfte haben nicht die Aufgabe zu beurteilen, ob ein Kind trans* ist oder transgeschlechtliche Kinder und Jugendliche psychotherapeutisch zu begleiten. Einerseits sollte eine vorschnelle Etikettierung vermieden werden, andererseits sollten die Besonderheiten eines Kindes achtsam wahrgenommen werden. Die zentralen Aufgaben von Lehrkräften liegen darin, Schüler_innen vor Diskriminierung und sexualisierter Gewalt zu schützen, ihre Fähigkeit zu stärken, mit Unsicherheiten umzugehen sowie sie in ihrer umfassenden und selbstbestimmten Entwicklung zu fördern (vgl. Kap. 2.4). Sie können die Entwicklung von Kindern und Jugendlichen mit Verständnis und Akzeptanz, einem offenen Ohr und Empathie unterstützen. Dies bedeutet nicht, dass eine Lehrkraft so tun muss als sei es für sie eine alltägliche Angelegenheit, wenn jemand ihr mitteilt trans* zu sein. Sie sollte sich ihrer eigenen Gefühle vielmehr bewusst werden. Es ist nicht außergewöhnlich, wenn sie zunächst irritiert sein sollte. Ist sie z. B. überrascht oder verwundert, so kann sie das durchaus zum Ausdruck bringen, zumal das Trans*kind dies ohnehin wahrnehmen wird. Wichtig ist jedoch, gleichzeitig unbedingte Akzeptanz, Respekt und Wertschätzung auszudrücken und Unterstützung zuzusichern. Grundsätzlich gilt als Leitlinie das Selbstbestimmungsrecht der Schüler_innen. Sie entscheiden, welche Schritte in ihrer Entwicklung sie wann realisieren wollen, wobei die Schule eventuell Wege zu entsprechenden Facheinrichtungen bahnen kann. Die Einbeziehung der Eltern ist je nach Alter notwendig bzw. sinnvoll, um sie für eine unterstützende Zusammenarbeit zu gewinnen (siehe Kap. 10.3.5). Insbesondere bei Jugendlichen sollte eine Information der Eltern jedoch ausschließlich mit Einverständnis des Trans*kindes erfolgen.

Die Aufgaben von Lehrkräften umfassen im Einzelnen folgende Bereiche und Handlungsfelder.

10.3.1 Verständnis, Wertschätzung und Schutz vor Diskriminierung geben

Von grundlegender Bedeutung für die Entwicklung von transgeschlechtlichen Schüler_innen ist es, dass sie in ihrer Individualität und Eigenart verstanden, anerkannt und wertgeschätzt werden und kein Druck auf sie ausgeübt wird, sich an bestimmte Geschlechternormen anzupassen. Herrscht in der Schule ein in diesem Sinne offenes, die Vielfalt förderndes Klima, so haben Kinder im vorpubertären Alter in der Regel kaum Probleme, ein transgeschlechtliches Kind in ihrer Klasse zu akzeptieren und auch das Trans*kind selbst kann sich im schulischen Rahmen gut entfalten.

Irina wurde von ihren Mitschüler_innen beispielsweise problemlos anerkannt. Hierzu trug wesentlich bei, dass das Kollegium sich auf die für sie ungewohnte Situation vorbereiten und für ein förderliches Klima Sorge tragen konnte. Die Eltern von Irina hatten die Schule so frühzeitig informiert, dass es dieser noch vor dem Einschulungstermin gelang, eine Fortbildungsveranstaltung zu organisieren, in der sich die Lehrkräfte mit der Thematik befassen und vertraut machen konnten. Die Kolleg_innen, die bislang noch nie in Kontakt mit dem Thema Trans gewesen waren, zeigten sich zunächst irritiert. Nachdem sie sich jedoch darauf eingelassen und näher mit geschlechtlicher Vielfalt auseinandergesetzt hatten, war es trotz dieser anfänglichen Irritationen schnell möglich, sich im Kollegium auf ein gemeinsames Vorgehen zu einigen. Es wurde vereinbart, dass Irina als Mädchen genauso wie alle anderen Kinder behandelt werden und die weitere Entwicklung abgewartet werden solle. Mit den Eltern von Irina wurde eine enge Kooperation verabredet, damit möglicherweise auftretende Schwierigkeiten schnell gemeinsam geklärt werden könnten.*
Darüber hinaus wurde im Kollegium abgesprochen, wie mit Fragen der anderen Kinder umzugehen sei, in welche Klasse Irina gehen solle usw. Die gute Kooperation mit den umliegenden Kitas erleichterte ein professionell abgestimmtes Vorgehen, sodass alle Beteiligten auf die besondere Situation vorbereitet waren und Irina einen guten Start in der Schule hatte.

Im Pubertätsalter können sich erfahrungsgemäß größere Schwierigkeiten ergeben als bei jüngeren Kindern. Für alle Jugendlichen rückt die Beschäftigung mit Fragen von Geschlecht und Sexualität stärker in den Fokus der Aufmerksamkeit, und für transgeschlechtliche Jugendliche stellen sie sich mit besonderem Nachdruck. Zum einen können körperliche Veränderungen, die nicht der eigenen Geschlechtlichkeit entsprechen, zur massiven Ablehnung des eigenen Körpers und tiefem Leiden führen. Zum anderen besteht in diesem Alter eine größere Gefahr, dass Mitschüler_innen jedwedem normabweichenden Verhalten mit Ablehnung begegnen, und es kann vermehrt zu Distanzierung, Ablehnung, Mobbing, psychischer und physischer Gewalt kommen. Solche Erfahrungen von Unverständnis, Ablehnung und Diskriminierung können für transgeschlechtliche Jugendliche zu extremen Belastungen führen und beispielsweise Gefühle von Scham und Schuld auslösen. Haben sie sich in der Schule noch nicht als trans* zu erkennen gegeben, so investieren sie nicht selten viel Energie, um ihre Transgeschlechtlichkeit zu verbergen und in ihrer Peergroup dazuzugehören. Gleichzeitig spüren sie, dass dies nicht ihrer Geschlechtlichkeit entspricht. Dieser Konflikt kann mit erheblichem Leidensdruck verbunden sein und zu Belastungen führen, die Trans*kinder und Jugendliche überfordern (zu den besonderen Belastungen von LSBTIQ*-Kindern siehe Kap. 2.3). Lehrkräfte haben die Aufgabe, solchen Überforderungen entgegenzuwirken. Sie sollen Trans*kindern und Jugendlichen vor allem Verständnis für ihre Situation, Respekt und Wertschätzung vermitteln und dafür Sorge tragen, dass sie Schule als einen für sie sicheren, Schutz bietenden Raum erleben. Dies beinhaltet insbesondere, jedweder Form von Diskriminierung Grenzen zu setzen (siehe Kap. 8).

10.3.2 Breit gefächerte Informationen geben und Kontakte vermitteln

Je breiter und fundierter Kinder und Jugendliche über die Vielfalt von Geschlecht informiert sind, desto eher sind sie dazu befähigt, sich selbstbestimmt und in Einklang mit sich selbst zu entwickeln. Dies gilt für alle Kinder und Jugendlichen. Für transgeschlechtliche Schüler_innen ist der Zugang zu umfassenden Informationen jedoch von besonders großer Bedeutung. Insbesondere ist es für sie hilfreich, Lebensentwürfe und Menschen kennenzulernen, die Geschlechterbilder jenseits herrschender Normen repräsentieren – seien sie nun trans* oder nicht. Zum einen wirkt dies der Gefahr entgegen, dass sich transgeschlechtliche Kinder und Jugendliche so fühlen, als seien sie als Trans*menschen allein auf dieser Welt. Zum anderen ermöglicht es auch solchen Schüler_innen, die bezüglich ihrer Geschlechtlichkeit verunsichert sind, sich selbst im Spiegel dieser Anderen zu sehen, sich der eigenen Geschlechtlichkeit zu vergewissern bzw. sich über die eigene Entwicklung Klarheit zu verschaffen.

Breit gefächerte Informationen und insbesondere der persönliche Kontakt mit Menschen, die die herrschenden Geschlechternormen variieren und durchbrechen, verhindern auch, dass Jugendliche sich allein deshalb für trans* halten, weil sie in signifikanter Weise Weiblichkeits- und Männlichkeitsnormen überschreiten. Stephanie Brill und Rachel Pepper (2011) berichten beispielsweise von einer sechzehnjährigen Jugendlichen, die in Verhalten und Aussehen „Männlichkeit" repräsentierte und sich nur deshalb selbst als trans* bezeichnete, weil sie keine Vorstellung davon hatte, dass es auch Frauen gibt, die sich in umfassender Weise „männlich" inszenieren. Dies änderte sich, als sie zwei Personen sah, die sie zunächst für Schwule hielt, bei genauerem Hinsehen aber erkannte, dass es Frauen waren, „die aussahen wie Männer, die Hand in Hand gingen" (Brill/Pepper, 2011, S. 42). In diesem Moment wurde ihr schlagartig klar, dass „ich so eine Frau bin wie die beiden" (ebd.). Auch vor dem Hintergrund solcher Erfahrungen empfehlen Stephanie Brill und Rachel Pepper, dass transgeschlechtliche Jugendliche unbedingt in Kontakt mit Erwachsenen und anderen Jugendlichen kommen sollten, die „signifikant geschlechtsvariant" (ebd.) sind und die verschiedene Typen aus dem LSBTIQ*-Spektrum darstellen.

Die Kooperation der Schule mit Aufklärungsprojekten wie SCHLAU kann in diesem Sinne hilfreich sein (siehe Kap. 5.5). In größeren Schulen kann auch das Angebot einer Gruppenberatung zu Fragen von Geschlechtlichkeit und sexu-

Shutterstock / Cherries

eller Orientierung Schüler_innen untereinander bekannt machen, die ein breites Spektrum von Geschlechtervarianz repräsentieren. Doch unabhängig von solcher schulischen Unterstützung benötigen transgeschlechtliche Kinder und Jugendliche sowie deren Eltern in jedem Fall Kontakte zu außerschulischen Einrichtungen und Fachberatungsstellen sowie psychologischen und medizinischen Fachleuten, die sie beraten und gegebenenfalls ihren Transitionsprozess professionell begleiten können. Die Aufgabe von Lehrkräften bzw. von schulischer Beratung liegt vor allen Dingen darin, solche Kontakte zu vermitteln (siehe hierzu genauer Kap. 9.6) und darüber hinaus die Entwicklung des Kindes bzw. Jugendlichen achtsam zu begleiten. Bei der Vermittlung von Beratungsstellen, Psycholog_innen und Mediziner_innen sollte dabei unbedingt darauf geachtet werden, dass diese Erfahrung mit dem Thema Trans* haben, in der Lage sind, wertschätzend und professionell zu beraten und sich „für Änderungen, die im Verlauf der Entwicklung der Kinder eintreten können, völlig offen halten" (Rauchfleisch, 2016, S. 91). Eine Liste mit Kontaktadressen, bei denen entsprechende Informationen eingeholt werden können, findet sich in Kapitel 15. Im Zweifelsfall ist es sinnvoll, sich bei den verschiedenen Zentren, die es inzwischen an Universitätskliniken gibt, zu erkundigen, welche Fachleute Erfahrungen mit Trans*kindern haben.

10.3.3 Den Transitionsprozess in der Schule unterstützen

Die Transition stellt einen Prozess dar, der eine mehr oder minder lange Zeit in Anspruch nehmen kann. Er umfasst die Erkenntnis trans* zu sein sowie die beschriebenen Transitionsschritte. Für einen förderlichen Unterstützungsprozess ist es bedeutsam, keinen Handlungsdruck zu erzeugen, sondern allen Beteiligten Zeit und Raum für eine gelingende Entwicklung zu lassen. Je offener die Schule dafür ist, dass Schüler_innen sich keiner der beiden Kategorien „Junge" oder „Mädchen" zuordnen, desto einfacher ist es, das Thema bei Bedarf eine Zeit lang auszusetzen und desto weniger belastend ist die Situation für alle Beteiligten. Insbesondere in der vorpubertären Zeit besteht kein Grund für übereilte Entscheidungen und Festlegungen, sofern das Kind sich seinem inneren Empfinden nach frei entfalten kann und in seiner Eigenart unterstützt wird.

Ist die Entscheidung für eine soziale Transition gefallen, ist die Schule gefordert, diese zu begleiten. Früher wurde dies häufig mit einem Schulwechsel verbunden, heute gelingt die soziale Transition innerhalb der Schule immer öfter. Voraussetzung hierfür ist jedoch, dass die Schule diesen Prozess aktiv unterstützt. Es hat sich als hilfreich erwiesen, dass eine Lehrkraft oder ein Mitglied des Beratungsteams für den Prozess als Ansprechperson zur Verfügung steht, mit der alle Fragen besprochen werden können und die aktiv werden kann, falls Schwierigkeiten auftauchen sollten (siehe Kap. 9.6).

Alle Informationen an die Klasse, das Kollegium sowie möglicherweise die Eltern der Mitschüler_innen müssen selbstverständlich mit dem transgeschlechtlichen Kind/Jugendlichen und den Eltern abgestimmt werden und sind von deren Einverständnis abhängig. Die Informationen sollten erklärend und erläuternd sein und nicht entschuldigend und rechtfertigend. Es hat sich als hilfreich erwiesen, in einer gemeinsamen Vorbereitung zwischen Schüler_in, Lehrkraft und gegebenenfalls den Eltern zu besprechen, wer welche Informationen in welcher Form gibt und auf welche Fragen der Mitschüler_innen geantwortet bzw. nicht eingegangen werden soll.

Im Beispiel von Patrick kamen er, die Eltern und die Klassenlehrerin überein, dass die Lehrerin der Klasse mitteilen solle, dass Vanessa eigentlich ein Junge sei und ab sofort Patrick genannt werden solle. Patrick wollte dabei nicht anwesend sein, was ungewöhnlich ist, aber respektiert wurde. Die Mitschüler_innen nahmen diese Mitteilung eher selbstverständlich auf und setzten Patricks Wunsch ziemlich schnell und problemlos um. Dies lag sicher nicht zuletzt daran, dass die Schüler_innen sich ein Jahr zuvor im Rahmen eines Projekttages intensiv mit dem Thema Trans auseinandergesetzt hatten und die Schule als Mitglied des Projekts „Schule der Vielfalt" (siehe Kap. 12) sehr großen Wert auf Offenheit und Akzeptanz von Vielfalt legt.*

Zusammen mit dem Trans*kind bzw. den Eltern sollte auch geklärt werden, wann und in welcher Form Informationen an das Kollegium sowie an pädagogische und andere Mitarbeiter_innen der Schule gegeben werden. Hierbei ist es äußerst hilfreich, wenn die Schule bereits entsprechende Leitlinien entwickelt hat, die der Schulgemeinde Handlungssicherheit geben (siehe Kap. 10.3.6).

Die Klassenlehrerin von Patrick verständigte sich mit der Schulleitung über das weitere Vorgehen im Kollegium und schrieb in Absprache mit Patrick einen Brief, den sie allen Kolleg_innen der Schule sowie den Sekretär_innen und dem Hausmeister zukommen ließ. In diesem Brief wurden alle gebeten, Patrick ab sofort mit seinem richtigen Namen anzusprechen und die Änderung aller Klassenlisten angekündigt. Die Klassenlehrerin bat in diesem Brief, sich bei Fragen an die Schulleitung oder an sie zu wenden. Hiervon machten einige Kolleg_innen Gebrauch, wobei ihre Rückfragen vor allem die in Kapitel 11 dargestellten rechtlichen und organisatorischen Dinge betrafen.

Hat ein Transjunge bzw. Transmädchen Geschwister, die die gleiche Schule besuchen, ist es unbedingt notwendig, alle Kolleg_innen zu informieren und sich nicht auf diejenigen zu beschränken, die das Trans*kind unterrichten. Auch die Geschwisterkinder müssen einen Umgang damit finden, wenn beispielsweise ihr Bruder nun eine Schwester oder ihre Schwester nun ein Bruder ist. Die Lehrkräfte sollten sich dessen bewusst sein, eventuell Unterstützung anbieten und Sorge dafür tragen, dass sie vor möglichen Abwertungen und Diskriminierungen in der Schule geschützt sind.

Bei jüngeren Schüler_innen, wie beispielsweise im Fall Wladimir/Irina, ist unbedingt zu überlegen, wie die Eltern der Mitschüler_innen einbezogen werden können. Denn gerade die Eltern brauchen sachliche Informationen und Aufklärung, damit sie Erzählungen ihrer Kinder richtig einordnen können und nicht mit Unverständnis und Besorgtheit reagieren. Hierzu bedarf es selbstverständlich der Einwilligung der Eltern des Trans*kindes. Es hat sich als hilfreich erwiesen, dass diese die anderen Eltern z. B. durch einen Brief informieren oder der Schule die Erlaubnis erteilen, dies durch einen Elternbrief oder an einem Elternabend zu übernehmen. Hierzu kann auch eine der in Kapitel 15 genannten Beratungsstellen eingeladen werden.

Sobald Mitschüler_innen und Kollegium über die Transition informiert worden sind, sollte der Name in allen Klassenlisten geändert werden. Dies ist nicht nur ein Zeichen von Respekt und Akzeptanz, sondern es minimiert auch die Gefahr, dass das Trans*kind mit dem alten, falschen Namen angesprochen wird. Der neue Name ist als Ausdruck des eigenen Geschlechts für transgeschlechtliche Kinder und Jugendliche von großer Bedeutung. Fehler in der Ansprache werden in der Regel als kränkend und als Ausdruck von Unverständnis und Ablehnung empfunden. Lehrkräfte wie Mitschüler_innen sollten sich daher der Bedeutung des Namens bewusst sein und sorgfältig darauf achten, den richtigen Namen zu benutzen. Juristisch ist die Benutzung des neuen Namens im Transsexuellengesetz (TSG) geregelt. Der neue Name kann und sollte nach dem TSG bereits im Vorfeld der rechtlichen Vornamensänderung im Schulalltag und in informellen Listen benutzt werden. Hier hat die Schule Spielraum, den sie im Interesse des Kindeswohls nutzen soll. Schwieriger gestaltet sich die Namensänderung in Zeugnissen und offiziellen Dokumenten. Die gesetzlichen Regelungen werden in Kapitel 11 genauer dargestellt.

10.3.4 Benutzung geschlechtergetrennter Räume klären

Sportumkleiden, Toiletten, die Zimmereinteilung bei Klassenfahrten – wo immer Räume oder Angebote nach Mädchen und Jungen getrennt werden, tauchen im Prozess der Transition praktische Fragen auf, auf die die Schule gemeinsam mit allen Betroffenen Antworten finden muss. Bei der Lösungssuche ist darauf zu achten, dass

- transgeschlechtliche Kinder und Jugendliche nicht ausgegrenzt werden,
- Schutz vor sexualisierter Gewalt besteht,
- die persönliche Integrität aller gewahrt bleibt.

Je einfacher und komplikationsloser sich die Suche nach einer Lösung der alltagspraktischen Fragen gestaltet, desto weniger belastend ist sie für die Betroffenen. Im Vordergrund der Lösungssuche muss immer das Wohl der Schüler_innen stehen. Es sollte insbesondere unbedingt vermieden werden, dass sich an diesen Fragen eine polarisierende Grundsatzdiskussion entzündet, die grundlegende geschlechterpolitische Fragen auf dem Rücken des betroffenen Trans*kindes austrägt und es damit in ungebührlicher Weise zusätzlich belastet.

Sport-Umkleiden

In keinem Fall dürfen transgeschlechtliche Schüler_innen genötigt werden, die Umkleidekabine nutzen zu müssen, die dem bei der Geburt zugewiesenen Geschlecht entspricht. Darüber hinaus ist der Umgang mit dieser Frage nicht allgemein verbindlich geregelt. Es gibt auch nicht die eine, für alle transgeschlechtlichen Schüler_innen und Situationen in gleicher Weise ideale Lösung. Entscheidend ist, mit allen Beteiligten zu sprechen und eine Lösung zu finden, die für das Trans*kind nicht als ausgrenzend oder als belastend empfunden wird, die ein Höchstmaß an Sicherheit vor jeder Form sexualisierter Gewalt gewährleistet und die von allen getragen wird. Als Erstes sollte das Trans*kind selbst gefragt werden, welche Lösung in seinen Augen am besten ist: die Mädchenumkleide, die Jungenumkleide oder eine ganz andere Lösung. Die transgeschlechtlichen Schüler_innen selbst können ihre eigenen Bedürfnisse und die Situation in der Klasse erfahrungsgemäß am besten einschätzen und sollten deshalb in keine Richtung gedrängt werden. In der Praxis erweist es sich in der Regel als unproblematisch, den Wunsch eines Transjungen zu erfüllen, sich in der Jungenumkleide umziehen. Voraussetzung hierfür ist jedoch, dass eine respektvolle Atmosphäre herrscht, die Sicherheit des Transjungen nicht gefährdet ist und die Regelung mit den Mitschülern kommuniziert wurde. Analog gilt dies für Transmädchen, wobei bezüglich der Benutzung der Mädchenumkleide durch Transmädchen bei den Mitschülerinnen erfahrungsgemäß eher Vorbehalte aufkommen als umgekehrt bei den Jungen. Fragen, Bedenken und Irritationen von Mitschüler_innen sollten in jedem Fall ernst genommen, gewürdigt und mit der Suche nach angemessenen Lösungen unterstützt werden. Bei diesen Gesprächen ist darauf zu achten, dass die Mitschüler_innen eigene Vorbehalte, Schwierigkeiten und Unsicherheiten offen formulieren, diskriminierende und abwertende Äußerungen aber klar zurückgewiesen und unterbunden werden. Steht eine dritte Umkleidemöglichkeit zur Verfügung, so kann diese bei der Suche nach Lösungsmöglichkeiten einbezogen werden, wobei es vermieden werden sollte, dass das Trans*kind diese allein nutzen muss. Auf Wunsch der transgeschlechtlichen Schülerin bzw. des Schülers kann auch nach Möglichkeiten gesucht werden, zum Beispiel durch ein Sportattest eine Befreiung von der aktiven Teilnahme am Sportunterricht zu erlangen, bis eine Klärung herbeigeführt ist (zu rechtlichen Fragen siehe Kap. 11).

Toiletten

Grundsätzlich muss transgeschlechtlichen Menschen der Besuch der Toilette offenstehen, die ihrem Geschlecht entspricht. Das klingt zunächst einfach, in der Praxis ist es das jedoch keineswegs. Zumindest dann, wenn eine Diskrepanz zwischen Körperlichkeit und Geschlecht deutlich wahrnehmbar ist, kann der Gang zur Toilette für transgeschlechtliche Menschen zur Qual werden. Egal ob sie die Herren- oder die Damentoilette wählen, müssen sie mit fragenden Blicken, Beleidigungen oder gar Übergriffen bis hin zu körperlicher Gewalt rechnen. Genauso wie Cis-Menschen, die aufgrund ihres Erscheinungsbildes immer wieder eine „falsche“ Zuordnung erfahren, versuchen auch sie oftmals, einen Toilettenbesuch möglichst ganz zu vermeiden. Transgeschlechtliche Schüler_innen trinken dann zum Beispiel während der Unterrichtszeit möglichst wenig, um nicht auf die Toilette gehen zu müssen, was sich nicht nur auf ihre Stimmung, sondern auch auf die Lernleistungen negativ auswirken kann.

In der Schule sollte daher für Transmädchen, die die Mädchentoilette bzw. für Transjungen, die die Jungentoilette benutzen, unbedingt sichergestellt sein, dass sie dies mit Selbstverständlichkeit tun können und dort keinen Anfeindungen ausgesetzt sind. In einem kleinen System, in dem alle sich untereinander kennen und in dem eine offene, achtsame und wertschätzende Atmosphäre herrscht, kann dies durchaus gewährleistet sein. In größeren Schulen ist dies jedoch unrealistisch. Hier lassen sich die Schwierigkeiten nur dadurch vollständig lösen, dass neben Mädchen- und Jungentoiletten auch geschlechtsneutrale sogenannte Unisex-Toiletten zur Verfügung stehen (siehe hierzu Kap. 5.4). Ist die Einrichtung von Unisex-Toiletten kurzfristig nicht umsetzbar kann für eine Übergangszeit eine (Not-)Lösung auch darin liegen, dass Trans*kindern erlaubt wird, die Toilette der Lehrkräfte zu benutzen.

Klassenfahrten

Bei Klassenfahrten stellt die Zimmerverteilung Lehrkräfte von transgeschlechtlichen Schüler_innen vor besondere Anforderungen. Ein Trans*kind darf nicht genötigt werden, den Schlafraum des bei der Geburt zugewiesenen Geschlechts zu benutzen. Darüber hinaus existieren keine eindeutigen gesetzlichen Regelungen, wie Lehrkräfte zu verfahren haben (siehe Kap. 11). Es gilt vielmehr wie bei den Sport-Umkleiden, verschiedene Perspektiven zu bedenken und abzuwägen: die Aufsichtspflicht der Lehrkräfte, die Wahrung der persönlichen Integrität aller Schüler_innen sowie der Schutz vor Diskriminierung, Übergriffen und sexualisierter Gewalt. Auch diese Anforderung ist letztlich nur im kommunikativen Prozess mit den Beteiligten zur Zufriedenheit aller lösbar.

> *Die Klassenlehrerin von Maria sah zunächst kein Problem darin, dass Maria ihr Zimmer mit zwei Freundinnen teilen wollte. Ihr Kollege äußerte jedoch Bedenken. Er hatte Angst vor dem Vorwurf, seine Aufsichtspflicht zu verletzen, wenn er Maria mit zwei Mädchen das Zimmer teilen ließe und damit zumindest theoretisch die Gefahr einer Schwangerschaft bestand. Er fürchtete zudem Angriffe des Vaters. Maria hatte ihre soziale Transition zwar gegen ihren Vater durchgesetzt, dieser stand der Transgeschlechtlichkeit seines Kindes jedoch immer noch ablehnend gegenüber und torpedierte diese, wo immer er konnte. Die im Konsens mit den beteiligten Mitschüler_innen gefundene Lösung bestand darin, dass Maria das Zimmer mit zwei ihr nahestehenden Mitschülern teilte, die das Zimmer als „gemischtes Zimmer" deklarierten.*

> *Patricks unbedingter Wunsch, sein Zimmer mit seinen Freunden zu teilen, erschien seinen Lehrkräften logisch. Sie hatten keinerlei Bedenken bezüglich seiner Sicherheit, waren jedoch – genauso wie der Klassenlehrer von Maria im obigen Beispiel – unsicher, inwieweit sie dadurch gegen formale Regeln verstoßen und in Schwierigkeiten geraten könnten. Diese Bedenken wurden durch die Eltern von Patrick zerstreut. Sie gaben ihre schriftliche Einwilligung bzw. teilten der Schule in einem Schreiben offiziell mit, dass ihr Sohn während der Klassenfahrt unabhängig von seiner körperlichen Konstitution in jeder Hinsicht als Junge zu behandeln sei.*

10.3.5 Kooperation mit den Eltern suchen / Eltern beraten

Für Eltern ist es meist ein sehr langer, oft Jahre umfassender krisenhafter Prozess, die Transgeschlechtlichkeit ihres Kindes wahrzunehmen, anzuerkennen und schließlich zu akzeptieren. Stellt sich heraus, dass ihr Kind trans* ist, versuchen sie nicht selten, diese Tatsache zu leugnen. Sie behelfen sich dann zum Beispiel mit der Annahme, dass ihr Kind lediglich die Geschlechternormen in besonders auffälliger Weise überschreitet oder es sich um eine Phase handelt, die vorübergeht. Bisweilen nehmen sie auch an, ihr Kind sei schwul bzw. lesbisch, könne dies jedoch noch nicht akzeptieren. Im ungünstigen Fall neigen sie dazu, durch Verbote und Restriktionen ihr Kind wieder „auf den richtigen Weg" führen zu wollen. Dabei kann die Ablehnung der Transgeschlechtlichkeit des Kindes vonseiten seiner Eltern sowohl durch ihre Sorge und ihre Ängste um ihr Kind (es wird sonst massive Probleme bekommen und unglücklich werden) als auch aus Scham gegenüber dem Umfeld und befürchteter Stigmatisierung motiviert sein. Schuldgefühle und Fragen wie „Was haben wir in unserer Erziehung falsch gemacht?", „Wieso ist unser

Kind ‚so abwegig'?" können Eltern massiv belasten. Manche erleben die Transgeschlechtlichkeit ihres Kindes als traumatischen Verlust von Hoffnungen und Wunschvorstellungen in Bezug auf die Zukunft ihres Kindes. Sie erleben Schmerz und Trauer darüber, ihr Kind, wie sie es bisher erlebt haben und erleben wollten, zu „verlieren".

In der Beratung der Eltern von Trans*kindern ist ein Verstehen ihrer Sorgen, Ängste, Verlust- und Schuldgefühle, Trauer und Scham Voraussetzung für eine sich entwickelnde tragfähige schulische Beratungsbeziehung. Das Thema Trans* anzusprechen, bedarf eines sensiblen und gleichzeitig klaren Vorgehens. Das Wohl des Kindes, eine gelingende Persönlichkeitsentwicklung und wünschenswerte Zukunft auf der einen Seite und die Stärkung der Eltern, ihr Kind dabei unterstützen zu können, auf der anderen, sollten Ziele der Beratung sein.

Informationen über Trans*, der Hinweis auf Kontaktmöglichkeiten der Eltern zu anderen Eltern transgeschlechtlicher Kinder sowie auf außerschulische Fachberatungsstellen können von schulischen Beratungskräften hilfreiche Wegweiser sein. Immer sollten sich die schulischen Beratungskräfte wie Klassenlehrer_innen, Beratungslehrer_innen und Schulsozialarbeiter_innen ihrer Grenzen bewusst sein. Sie sind keine Therapeut_innen, die die Kinder und ihre Eltern auf dem langen Weg zur Akzeptanz einer Transgeschlechtlichkeit psychotherapeutisch begleiten können. Wie zuvor dargestellt, liegt ihre Verantwortung darin, dafür Sorge zu tragen, dass das Trans*kind sich in der Schule wohlfühlen kann, dass es sein Leistungsvermögen umsetzen kann, nicht diskriminiert wird, sich sicher fühlen und sich umfassend entwickeln kann. Eltern in Gesprächen zu gewinnen, diesen schulischen Prozess zum Wohle ihres Kindes mitzutragen sowie das Trans*kind zu unterstützen und zu stärken, stellen wesentliche Ziele schulischer Beratung dar (zur erfolgreichen Gesprächsführung mit Eltern siehe Palzkill/Müller/Schute, S. 69ff.)

Marias Vater weigerte sich, die Transgeschlechtlichkeit seines Kindes anzuerkennen, was zu immer größeren Konflikten zwischen Maria und ihrem Vater führte und die ganze Familie belastete. Vor dem Hintergrund, dass Marias schulische Leistungen immer schlechter wurden, luden der Klassenlehrer und die Beratungslehrerin ihre Eltern zu einem Gespräch ein, um gemeinsam mit den Eltern zu überlegen, was ihr Kind braucht, um an die alten schulischen Leistungen anzuknüpfen. Die Lehrkräfte wählten dabei bewusst eine geschlechtsneutrale Sprache, indem sie z. B. vom „Kind" sprachen, das zu fördern sei usw. Sofort kam das Gespräch auf die Konflikte bezüglich der Transgeschlechtlichkeit.
Der Vater warf der Schule vor, „diesen Blödsinn" mitzumachen, statt seinem Kind „den rechten Weg zu weisen". Die Lehrkräfte stellten daraufhin sachlich klar, dass Transgeschlechtlichkeit keine Wahl ist. Es sei aber weder Aufgabe der Schule noch der Eltern zu entscheiden, ob ein Kind transgeschlechtlich ist oder nicht. Sie äußerten Verständnis dafür, dass es Eltern schwerfällt, zu akzeptieren, wenn ihr Kind kein Junge, sondern ein Mädchen ist. Eindeutig sei für sie jedoch, dass das Wohlergehen des Kindes (und auch sein Schulabschluss) gefährdet werde, wenn es gezwungen würde, eine bestimmte Geschlechtlichkeit zu leben. Jeder Druck in eine bestimmte Richtung würde nur dazu führen, dass das Kind sich abgelehnt fühle, sich zurückziehe, leide und in massive Schwierigkeiten geraten könne. Die Gefahr von selbstschädigendem Verhalten sei in diesen Fällen sehr hoch und könne weit über den Abfall von Schulleistungen hinausgehen. Die Schule sei dem Wohl des Kindes verpflichtet, weshalb es ihre Pflicht sei, ihr Kind seinem dauerhaften Wunsch entsprechend als Maria anzusprechen.

Der Vorschlag, eine Fachberatungsstelle aufzusuchen, wurde vom Vater abgelehnt, während die Mutter Interesse signalisierte. Mit Blick auf das Wohl des Kindes und die Gefährdung des Schulabschlusses konnte der Vater jedoch dafür gewonnen werden, das Thema zu Hause so weit wie möglich ruhen zu lassen, um die Beziehungen nicht weiter zu belasten und allen Beteiligten eine Atempause zu verschaffen. Damit konnte der Konflikt zumindest deeskaliert und die häusliche Situation etwas beruhigt werden. Die Beziehung von Maria zu ihrem Vater blieb zwar weiterhin sehr angespannt, doch ihre Mutter vermochte zunehmend, sie zu unterstützen und suchte die angegebene Fachberatungsstelle auf.
Die schulischen Leistungen Marias verbesserten sich in der Folge deutlich, sodass ihr Schulabschluss gesichert war.

Gelingt es Lehrkräften nicht, die Eltern von transgeschlechtlichen Kindern oder minderjährigen Jugendlichen in Gesprächen für eine akzeptierende und unterstützende Haltung dem eigenen Kind gegenüber und für eine förderliche Kooperation zu gewinnen, so stellt das eine erhebliche Belastung für das Kind dar. Gerade bei einer Ablehnung durch die Eltern oder Elternteile ist die Erfahrung einer wertschätzenden, respektvollen Haltung durch Lehrkräfte für die Kinder von großer Bedeutung. Dies schließt grundsätzlich auch die Erfahrung ein, dass die Schule sich den Eltern gegenüber dafür einsetzt, dass sie sich ihrer eigenen Geschlechtlichkeit entsprechend frei entfalten können. Kommt es dabei zu Konflikten und Streit, kann der Loyalitätskonflikt, der insbesondere jüngeren Kindern aus einer Konfrontation zwischen Eltern und Lehrkräften erwächst, diese jedoch sehr belasten und ihre Situation noch weiter verschärfen. Deshalb sollte darauf geachtet werden, dass das betroffene Kind so wenig wie möglich in diesen Konflikt involviert, eine Eskalation möglichst vermieden und stattdessen eine Entspannung der Situation angestrebt wird. Dabei ist es zielführend, den Schwerpunkt aller Überlegungen und Elterngespräche immer wieder auf das gemeinsame Anliegen von Schule und Eltern zu richten, das Wohlergehen des Kindes zu gewährleisten.

Lehrkräfte haben die Verpflichtung, das Kindeswohl zu sichern (vgl. Kap. 3, Schutzpflichten des Staates). Gelingt dies trotz aller schulischen Bemühungen nicht, sind sie gehalten, außerschulische Unterstützung zu suchen und entsprechende Maßnahmen in Abstimmung mit Kolleg_innen über die Schulleitung zu ergreifen. Dies gilt insbesondere dann, wenn Eltern im Umgang mit ihrem Kind so destruktive Verhaltensweisen zeigen, dass das Kind in seiner Entfaltung massiv eingeschränkt und gefährdet wird. Kooperationsvereinbarungen zwischen Schulen und Jugendämtern zeigen hier die notwendigen Schritte auf.

10.3.6 Der Schulgemeinde Handlungssicherheit geben

Für das Gelingen einer erfolgreichen Arbeit im Sinne der transgeschlechtlichen Schüler_innen ist die Unterstützung durch die Schulgemeinde insgesamt notwendig. Dazu bedarf es der Aufklärung und Entwicklung verbindlicher Standards im Umgang mit transgeschlechtlichen Kindern und Jugendlichen.

Wie schon dargestellt, ist gerade bei jüngeren Schüler_innen eine Einbeziehung der Klassenpflegschaft wichtig, um die Eltern dafür zu gewinnen, ihre eigenen Kinder zu stärken und ihnen Handlungssicherheit in schwierigen Situationen zu geben. Darüber hinaus sollten Schulpflegschaft und Eltern z. B. im Rahmen eines Fachgespräches informiert werden.

Grundsätzlich sollte die Schulleitung gemeinsam mit den Lehrkräften und dem Beratungsteam einen Handlungsleitfaden für das Kollegium entwickeln, der z. B. den Umgang mit einem Namenswunsch regelt. Auch hier empfiehlt sich, eine pädagogische Konferenz bzw. einen Schulentwicklungstag durchzuführen. Denn es gilt: Je sicherer alle Lehrkräfte im Wissen und in der Haltung sind, desto klarer und hilfreicher können sie agieren.

10.4 Intergeschlechtliche Schüler_innen

Intergeschlechtliche Kinder, also Kinder die genetisch und/oder anatomisch und/oder hormonell nicht den Normen entsprechen, die für die Einordnung in die Kategorien Junge und Mädchen festgelegt wurden, gab es schon immer. Neben dem Begriff intergeschlechtlich ist insbesondere im medizinischen und juristischen Diskurs auch der Begriff intersexuell gebräuchlich. Dieser ist jedoch insofern irreführend, als es bei Intergeschlechtlichkeit nicht um Sexualität geht, sondern um das Geschlecht. Die Schätzungen darüber, wie viele Neugeborene intergeschlechtlich sind, variieren je nachdem, welche Erscheinungsformen gezählt werden, zwischen einer Häufigkeit von 1:500 (Pschyrembel) und 1:1000. In einer auf Nordrhein-Westfalen bezogenen Studie haben Anike Krämer und Katja Sabisch (2017) die Daten der Krankenhäuser in Bezug auf die medizinische Einordnung bei Neugeborenen ausgewertet. Hier konnte 1 von 3 000 Neugeborenen gar nicht einem bestimmten Geschlecht zugeordnet werden und bei 1 von 100 Neugeborenen wurde festgestellt, dass es akut oder im späteren Leben zu Problemen der Zuordnung kommen könnte (z.B. durch angeborene sogenannte Fehlbildungen der Genitale; Chromosomensatz XYY, Anomalien der Hoden).

Intergeschlechtlichkeit wurde gesellschaftlich bis vor wenigen Jahren tabuisiert und Intergeschlechtliche blieben weitgehend unsichtbar. Es ist auch heute noch gängige Praxis, Kinder einer der beiden Kategorien Junge/Mädchen zuzuordnen und chirurgischen Eingriffen zu unterziehen, um ein möglichst eindeutiges Erscheinungsbild herzustellen. Die Eltern intergeschlechtlicher Neugeborener trifft die Nachricht, dass ihr Kind weder eindeutig als Junge noch als Mädchen eingeordnet werden kann, in aller Regel völlig unvorbereitet. Clara Morgen (2013) beschreibt in ihrem autobiografischen Buch „Mein intersexuelles Kind“, wie hilflos und alleingelassen sich Eltern in dieser Situation fühlen und unter welchem Druck sie stehen, ihr Kind operieren zu lassen, um dem gesellschaftlichen System der Zweigeschlechtlichkeit zu genügen.

Shutterstock / itakdalee

Nach der erfolgreichen Klage von Betroffeneninitiativen vor dem UN-Gerichtshof für Menschenrechte im Jahre 2015 mehren sich die Stimmen, die medizinisch nicht indizierte Operationen als Menschenrechts- und Körperverletzung und als medizinische Versuche am Menschen anprangern. Sie kritisieren, dass durch kosmetische Operationen an Kleinkindern gesunde funktionsfähige Körper zum Teil schwer geschädigt und Traumatisierungen der Kinder in Kauf genommen werden. Ebenso steht die Einordnung von Intergeschlechtlichkeit als Krankheit auf dem Prüfstand. So stellte die Bundesärztekammer 2015 in einer Stellungnahme für das Bundesverfassungsgericht fest, dass es sich bei Intergeschlechtlichkeit um „Varianten der Geschlechtsentwicklung“ handelt und „eine Gleichsetzung mit Fehlbildung oder Krankheit […] nicht angemessen“ sei (Leitsätze zum Beschluss des Ersten Senats vom 10. Oktober 2017 – 1 BvR 2019/16, 7/25). Manche intergeschlechtlichen Menschen leben als Frau oder als

Mann, andere sehen ihr Geschlecht jenseits dieser beiden Kategorien und bezeichnen ihr Geschlecht beispielsweise als nicht binär oder sehen sich als queer an. Seit der Änderung des Personenstandsrechts im Jahre 2018 können intergeschlechtliche Menschen ihr Geschlecht auch offiziell unter der Bezeichnung „divers" eintragen lassen.

Seither haben immer mehr Eltern und ihre Kinder den Mut, die Intergeschlechtlichkeit ihrer Kinder selbstbewusst, positiv und offen zu leben. Intergeschlechtliche Kinder können sich dabei als Junge oder als Mädchen verstehen oder sich sowohl als Mädchen als auch als Junge begreifen oder eine Geschlechtlichkeit jenseits der Kategorien Mädchen/Junge herausbilden. Gleichzeitig ist offen, welche sexuelle Orientierung sie entwickeln.

Mit der zunehmenden Enttabuisierung von Intergeschlechtlichkeit sowie dem wachsenden Selbstbewusstsein intergeschlechtlicher Kinder und ihrer Eltern, wird die Auseinandersetzung mit intergeschlechtlichen Schüler_innen ein immer bedeutsameres Thema für die Schule werden. Die Aufgaben von Lehrkräften in Bezug auf intergeschlechtliche Schüler_innen liegen dabei v. a. darin, ihren Entwicklungsprozess respektvoll zu begleiten und dafür Sorge zu tragen, dass sie Schule als einen Raum erfahren, der ihnen Verständnis, Wertschätzung und Respekt entgegenbringt sowie ihr Recht auf Selbstbestimmung wahrt. Im Einzelnen entsprechen die Aufgaben der Lehrkräfte und die zur Erfüllung notwendigen Haltungen und Kompetenzen im Wesentlichen dem in den vorhergehenden Abschnitten zu Trans* Dargestellten (siehe Kap. 10.3.1 bis 10.3.5). Darüber hinaus ist es eine Aufgabe schulischer Beratung, intergeschlechtliche Schüler_innen in ihrer geschlechtlichen Selbstbestimmung zu unterstützen (siehe Kap. 9). Bei der Beratung intergeschlechtlicher Kinder und Jugendlicher ist es nicht ungewöhnlich, dass Berater_innen mit massiven Verletzungen der körperlichen und seelischen Integrität konfrontiert werden, die diese Kinder bzw. Jugendlichen erlitten haben. Es ist daher hilfreich, wenn sie sich mit Traumatisierungen und deren Folgen auskennen (ohne selbst traumatherapeutisch tätig zu sein) und im Bedarfsfall Kontakte zu therapeutischen Stellen anbieten können, die Unterstützung bei der Bewältigung solcher Verletzungen geben können.

C Unterstützung, Praxisbeispiele, Ideen, Materialien

11 Rechtliche Fragen des schulischen Alltags

11.1 Namensführung

Welchen Namen verwende ich vor der förmlichen Namensänderung bei Menschen mit Transhintergrund?
Das Transsexuellengesetz (TSG) regelt die Voraussetzungen zur Vornamensänderung und zur Personenstandsänderung. Ein Namenswunsch der Schüler_innen in Bezug auf das Zielgeschlecht kann und sollte bereits im Vorfeld der rechtlichen Vornamensänderung in der Klasse verwendet werden, wie z. B. bei Hausarbeiten, Klassenarbeiten oder Klassen- und Kurslisten. Hier haben Lehrkräfte den Spielraum, dem Interesse des Kindes nachzukommen.

Eine Trans*person darf – wie auch jeder andere Mensch – generell mit dem gewählten Namen, auch vor einer Namensänderung, auftreten und sich mit diesem Namen anreden lassen. Dies gilt sowohl für den privaten Bereich als auch außerhalb dessen. Im deutschen Recht gibt es nur wenige Situationen, in denen eine Rechtspflicht zur Nennung des korrekten Namens besteht, wie z. B. im Zeugenstand vor Gericht. Ein rechtlicher Anspruch des Kindes auf den gewählten Namen besteht allerdings erst nach einer Änderung des Vornamens gemäß § 1 TSG.

Unter welchem Namen erstelle ich Zeugnisse vor der förmlichen Namensänderung?
Problematischer ist die Verwendung des Namens des Zielgeschlechts vor der offiziellen Änderung des Namens in Bezug auf amtliche Dokumente (Zeugnisse, Abschlusszeugnisse). Eindeutige Regelungen, wie z. B. im Schulrecht, finden sich hierzu nicht. Die Antidiskriminierungsstelle des Bundes hat in einem Gutachten zur Zeugniserstellung für Studierende ausgeführt, dass auch in der Verwendung des gewählten Vornamens vor einer Vornamensänderung nach dem TSG keine strafbare Handlung im Sinne einer Urkundenfälschung oder einer Falschbeurkundung liegen dürfte. Da aber ein Zeugnis auch Beweiskraft im Rechtsverkehr – nach außen – hat, denn Zeugnisse dienen auch der Identifizierung der Person, die diese Leistung erbracht hat, ist eine Verwendung eines im Rechtssinne „falschen" Namens nicht unproblematisch. Im Sinne eines rechtssicheren Handelns kann den Lehrkräften mangels klarer Vorgaben, die pädagogisches nicht-diskriminierendes Handeln unterstützen (vgl. Kap. 3.2.2), derzeit nur geraten werden, den zum Zeitpunkt der Erteilung eines Zeugnisses offiziell getragenen Namen des Kindes auf einem amtlichen Dokument zu verwenden.[26]

Was passiert nach der förmlichen Vornamensänderung?
Wenn der Vorname auch offiziell geändert worden ist, hat das Kind einen rechtlichen Anspruch auf Ansprache mit dem neuen Vornamen, unabhängig davon, ob bereits eine Feststellung der Geschlechtsänderung erfolgt ist. Nur diese Auslegung des § 1 TSG wird nach Auffassung des Bundesverfassungsgerichtes den Wertentschei-

26 Das Rechtsgutachten von Maria Sabine Augstein (2013) hat bislang die Rechtsauffassung der Bildungsministerien der Länder nicht geändert. Daher besteht die Diskriminierungsproblematik einer „Offenbarung" für Trans*schüler_innen z. B. bei Bewerbungszeugnissen.

dungen des Grundgesetzes – Art. 2 I i.V.m. Art 1 GG (allgemeines Persönlichkeitsrecht) – gerecht.[27]

§ 1 TSG
Die Vornamen einer Person sind auf ihren Antrag vom Gericht zu ändern, wenn
1. sie sich auf Grund ihrer transsexuellen Prägung nicht mehr dem in ihrem Geburtseintrag angegebenen Geschlecht, sondern dem anderen Geschlecht als zugehörig empfindet und seit mindestens drei Jahren unter dem Zwang steht, ihren Vorstellungen entsprechend zu leben,
2. mit hoher Wahrscheinlichkeit anzunehmen ist, dass sich ihr Zugehörigkeitsempfinden zum anderen Geschlecht nicht mehr ändern wird [...]

2011 hat das Bundesverfassungsgericht entschieden[28], dass es verfassungswidrig ist, wenn zur Änderung der Geschlechtszugehörigkeit eine geschlechtsangleichende Operation verlangt wird. Seitdem sind die Voraussetzungen zur Änderung des Vornamens und zur Feststellung der Geschlechtszugehörigkeit identisch – und können auch gleichzeitig beantragt werden. Erforderlich ist der Antrag beim zuständigen Amtsgericht: Das Gericht bestellt zwei Gutachter, die die in § 1 TSG genannten Voraussetzungen bescheinigen müssen. Für eine solche Begutachtung sind mehrere Sitzungen erforderlich; auch das gerichtliche Verfahren dauert einige Wochen.

Erfolgt eine Vornamensänderung im Sinne des § 1 TSG, wird gleichzeitig der Schutz des § 5 TSG, das sogenannte Offenbarungsverbot in Kraft gesetzt. Diese Regelung verpflichtet die Schule, auch nachträglich alte Zeugnisse anzupassen, ohne dass die vorher geführten Vornamen der Person offenbart werden. In Umsetzung dieser gesetzlichen Verpflichtung müssen die Schulbehörden darauf achten, dass der Grund für eine entsprechende Zeugnisänderung nicht ersichtlich wird.

Wichtig für die Praxis
- Rechtzeitige Beratung des Kindes und gegebenenfalls der Eltern über die rechtlichen Vorgaben.
- Regelungen in der Schule treffen, um eine einheitliche Ansprache mit dem gewählten Vornamen bereits vor der förmlichen Namensänderung zu gewährleisten.

11.2 Sexualerziehung

Welche Maßgaben gelten für die Sexualerziehung?
Mit seinem grundlegenden Urteil aus dem Jahre 1977 hat das Bundesverfassungsgericht die bis heute gültigen Maximen des Sexualkundeunterrichts in Schulen definiert und das elterliche Erziehungsrecht in ein Verhältnis zum schulischen Erziehungsrecht gebracht (siehe auch Kap. 3.2.2). Danach hat der Staat einen – dem Elternrecht gleichgeordneten – eigenen Erziehungsauftrag.

Eltern haben allerdings einen Anspruch auf Information über Inhalt und Didaktik des Sexualkundeunterrichts, damit sie begleitend von ihrem Erziehungsrecht als Eltern, Art. 6 II GG, Gebrauch machen können. Klargestellt hat das Bundesverfassungsgericht aber auch, dass die Eltern kein Mitbestimmungsrecht bei der Ausgestaltung des schulischen Sexualkundeunterrichts besitzen. Schule kann in einer pluralistischen Gesellschaft nicht allen Elternwünschen Rechnung tragen und diese bei der Aufstellung des Lehrplans und der Erziehungsziele berücksichtigen. Eltern können aber Toleranz und Zurückhaltung bei der Durchführung des Sexualkundeunterrichts verlangen.

27 BVerfG, Urteil v. 27. 10. 2011, 1 BvR 2027/11, Leitsatz.
28 BVerfG, Urteil v. 11. 1. 2011, 1 BvR 3295/07.

Aus dieser Neutralitätsverpflichtung der Lehrkräfte ergibt sich nach Auffassung des Gerichts im Gegenzug, dass es auch keiner Zustimmung der Eltern zum Sexualkundeunterricht bedarf und sich Schüler_innen auch nicht pauschal von diesem Unterricht befreien lassen können. In einer vielfältigen Gesellschaft besteht die Verpflichtung der Eltern, ihre Kinder einer möglicherweise ihren eigenen weltanschaulich-religiösen Erziehungsvorstellungen auch widersprechenden Schulerziehung aussetzen zu müssen.[29]

Das Oberverwaltungsgericht NRW hat zu der entsprechenden nordrhein-westfälischen Regelung in § 33 SchulG NRW entschieden, dass eine Befreiung vom Sexualkundeunterricht nicht in Betracht kommt, solange nicht in grundrechtlich geschützte Positionen des Kindes eingegriffen wird und auf die alters- und entwicklungsgemäße Vermittlung geachtet wird und keine Gesundheitsbeeinträchtigung zu befürchten ist.[30] *Das OVG hat auch die in NRW erlassenen Richtlinien, die eine Sexualerziehung in gegenseitiger Akzeptanz aller Menschen unabhängig von ihrer sexuellen Orientierung und Identität fordern, für verfassungsmäßig gehalten.*[31]

Richtlinien für die Sexualerziehung in NRW, 1999, unveränderter Nachdruck 2011, Kap. 5.4, S. 13

In der Sexualwissenschaft besteht Konsens darüber, dass sich menschliche Sexualität auf vielfältige Weise ausdrücken kann. Demnach sind Hetero-, Bi-, Homo- und Transsexualität Ausdrucksformen von Sexualität, die, ohne Unterschiede im Wert, zur Persönlichkeit des betreffenden Menschen gehören. Die Sexualerziehung dient der Ausbildung und Förderung gegenseitiger Akzeptanz unter allen Menschen, unabhängig von ihrer sexuellen Orientierung und Identität und den damit verbundenen Beziehungen und Lebensweisen. Sie leistet damit ihren Beitrag zum Abbau der Homosexuellenfeindlichkeit und zur Beseitigung der Diskriminierung von homo-, bi- und transsexuellen Menschen.

Richtlinien für die Familien- und Sexualerziehung in den bayerischen Schulen vom 15. Dezember 2016, Az. V.8-BS4402.41, S. 9

Schülerinnen und Schüler verstehen, dass ein wertschätzender, verantwortungsbewusster und selbstbestimmter Umgang mit Sexualität dazu beiträgt, lebenslang erfüllende Sexualität erfahren zu können. In höheren Jahrgangsstufen werden vor dem Hintergrund der verfassungsmäßigen Bedeutung von Ehe und Familie unterschiedliche Lebensformen und sexuelle Orientierungen (Hetero-, Homo-, Bisexualität) vorurteilsfrei von der Lehrkraft angesprochen.

Lehrplan zur Sexualerziehung an den allgemeinbildenden und beruflichen Schulen in Hessen, 2016, S. 4

Auf dieser Basis erwachsen für die schulische Sexualerziehung Aufgaben hinsichtlich der Aufklärung und Information über:

- die Bedeutung von Ehe, Lebenspartnerschaften und Familie [...]
- die Bedeutung des Schutzes ungeborenen menschlichen Lebens [...]
- die Gleichberechtigung der Geschlechter
- Coming Out
- die Vielfalt sexueller Orientierungen und Geschlechtsidentitäten

29 Bayerischer VGH, 13. 12. 2002, Vf.73-VI-01.

30 OVG NRW v. 5. 9. 2007, 19 A 2705/06, Rn. 33.

31 OVG NRW, ebd., Rn. 66.

- **universelle Menschenrechte und Schutz vor Diskriminierung**
- **Beratungsmöglichkeiten im Zusammenhang mit sexueller Orientierung und geschlechtlicher Identität [...]**

Ein schulisches Leitbild, das sich für die Akzeptanz verschiedener sexueller Orientierungen und geschlechtlicher Identitäten einsetzt, kann sich demgegenüber positiv auf den Umgang der Schülerinnen und Schüler mit dem Thema sexuelle Vielfalt auswirken.

Bei der Ausgestaltung dieser Grundsätze haben die zuständigen Landesschulministerien einen Spielraum, der aber von den grundgesetzlichen Vorgaben insbesondere zum Schutz von Geschlecht und sexueller Orientierung eingeschränkt wird.

Wichtig für die Praxis

- Information der Eltern – keine Mitbestimmung.
- Unterricht im Sinne der Zurückhaltung und Toleranz auf Basis der Richtlinien für die Sexualerziehung.

11.3 Klassenfahrten, Sportunterricht, Toiletten

Klassenfahrten

In den Bundesländern bestehen zumeist Erlassregelungen für die Durchführung von Klassenfahrten. Darin ist z. B. geregelt, wie viele Begleitpersonen erforderlich sind. Regelungen zur geschlechtergetrennten Zimmerunterbringung und/oder zum Umgang mit gleichgeschlechtlich orientierten, inter- oder transgeschlechtlichen Schüler_innen existieren hingegen nicht. Daher bleibt es den beteiligten Lehrkräften überlassen, im Einzelfall eine pädagogisch angemessene Lösung zu finden (siehe Kap. 10.3.4). Dabei sind aus rechtlicher Sicht die Grundsätze zur Aufsichtspflicht sowie der Schutz vor Diskriminierungen zu beachten.

Den Regelfall stellt die geschlechtergetrennte Unterbringung dar. Bei transgeschlechtlichen Schüler_innen ist die pädagogisch in der Regel erforderliche Unterbringung in einem entsprechenden Zimmer des Wunschgeschlechts rechtlich möglich, wenn dies gewünscht ist. Lehrkräfte müssen in jedem Einzelfall Risiken für das Kind selbst, z. B. Opfer von Mobbing zu werden, abwägen wie auch die allgemeinen Regelungen zur Aufsichtspflicht und die persönliche Integrität des Kindes, aber auch der anderen Schüler_innen berücksichtigen. Für homo- und bisexuelle Schüler_innen gelten grundsätzlich die gleichen Handhabungen wie für heterosexuelle Schüler_innen, d. h., im Normalfall werden auch lesbische Mädchen in einem „Mädchen"-Zimmer übernachten – es sei denn, aus pädagogischen Gründen erscheint eine andere Unterbringung erforderlich.

Sportunterricht

Auch zum Umgang mit transgeschlechtlichen Schüler_innen im Sportunterricht existieren keine rechtlichen Vorgaben. Im Sinne des betroffenen Kindes kann sowohl die Nutzung der Umkleide des Wunschgeschlechts in Betracht kommen als auch eine andere, dritte Umkleidemöglichkeit. Auch die Befreiung vom Sportunterricht, insbesondere vom Schwimmunterricht, bis zu einer Klärung ist eine Option, wenn damit dem Wunsch des Kindes entsprochen wird.

Die Bundesregierung hat sich in der Beantwortung einer kleinen Anfrage der Fraktion Die Linke vom 3. September 2014 (Drucksache 18/2382) der Auffassung der UNESCO-Weltsportministerkonferenz angeschlossen. Diese hat im Mai 2013 eine Erklärung veröffentlicht, nach der für jeden Menschen Zugang zum und Teilhabe am Sport unabhängig von Geschlecht und sexueller Orientierung gegeben sein müssen.

Toiletten

Rechtliche Regelungen zur Toilettennutzung sind nicht vorhanden. Transgeschlechtlichen Schüler_innen kann und sollte daher auch tatsächlich die Nutzung von Toilettenräumen ihrer Geschlechtsidentität ermöglicht werden. Auch die Nutzung neutraler Toilettenräume – Unisex- oder All-Gender-Toiletten oder zumindest übergangsweise der Toiletten der Lehrer_innen – kann eine Möglichkeit sein.

11.4 Schweigepflicht – Information der Eltern

Bei der Beratung von Schüler_innen kann sich die Frage nach der Information der Eltern stellen, wenn diese keine Kenntnis von dem Problem ihres Kindes haben. Grundsätzlich unterliegen Lehrkräfte einer Verschwiegenheitspflicht nach § 37 Beamtenstatusgesetz, aber auch das Strafrecht sanktioniert in § 203 Strafgesetzbuch die Weitergabe von im Dienst erlangten Geheimnissen. Eine Weitergabe des anvertrauten Problems an die Eltern kann entweder durch eine Einwilligung des Kindes ermöglicht werden oder durch das elterliche Informationsrecht aus Art. 6 II GG gerechtfertigt sein. Aus dem elterlichen Erziehungsrecht des Grundgesetzes leitet sich das Recht der Eltern auf Informationen ab, die sie zur Wahrnehmung ihrer erzieherischen Aufgabe benötigen. Dies gilt naturgemäß nicht, wenn die Gefahren vom Elternhaus selbst ausgehen, und wird zudem eingeschränkt, je älter und einsichtsfähiger ein Kind wird. Mit fortschreitendem Alter nimmt das Kind seinen persönlichen Bereich immer deutlicher wahr und begreift die elterliche Einmischung als störend.

Auch bei Gefahren für die körperliche oder seelische Gesundheit des Kindes steht die Schweigepflicht hinter der Pflicht zur Offenbarung zurück.

11.5 Beschwerden gegen Diskriminierung durch Lehrkräfte

Gegen Diskriminierungen durch Lehrkräfte steht den Schüler_innen und/oder ihren Eltern die Möglichkeit zu, eine Dienstaufsichtsbeschwerde gegen ein abwertendes und ausgrenzendes Verhalten einer Lehrkraft einzulegen. Eine Dienstaufsichtsbeschwerde ist eine Beschwerde über das persönliche Verhalten einer Amtsperson, die sich unmittelbar aus Art. 17 GG (Petitionsrecht) ableitet; sie unterliegt keinen Form- oder Fristvorgaben; zuständig ist die jeweilige dienstvorgesetzte Stelle, je nach Landesrecht die Bezirksregierung, das Schulamt usw. Stellt die Schulaufsicht fest, dass eine Lehrkraft ihre Dienstpflichten verletzt hat, können entweder dienstaufsichtliche Maßnahmen oder echte disziplinarische Maßnahmen ergehen. Für tarifbeschäftigte Lehrkräfte finden die entsprechenden arbeitsrechtlichen Regelungen Anwendung. Dienstpflichten können verletzt sein, wenn eine Lehrkraft ihre Erziehungs- und Aufsichtspflichten gegenüber den ihr anvertrauten Schüler_innen dadurch missachtet, dass sie sich selbst diskriminierend verhält. Die Rechtsprechung hat dies beispielsweise im Fall einer Beschimpfung von Schüler_innen anerkannt.[32] Ebenso kann es im Einzelfall eine Pflichtverletzung darstellen, wenn die Lehrkraft sich nicht schützend für ein Kind einsetzt, das beleidigenden Reaktionen seiner Mitschüler_innen ausgesetzt ist.[33]

32 Ebd.

33 OVG NRW v. 20.5.2009, 19 B 1362/08.

11.6 Rechtliche Handlungsoptionen bei Mobbing durch Schüler_innen

Schulrecht

In den Schulgesetzen der Länder sind Erziehungs- und Ordnungsmaßnahmen geregelt – diese ermöglichen, auch ohne dass es bislang dem Allgemeinen Gleichbehandlungsgesetz vergleichbare Normen gibt, sowohl erzieherische als auch disziplinarische Reaktionen auf beleidigendes und diskriminierendes Verhalten von Schüler_innen. Diese Maßnahmen sollen den erzieherischen Auftrag der Schule sicherstellen, die Unterrichts- und Erziehungsarbeit ungestört gewährleisten und verhindern, dass die am Schulleben beteiligten Personen Schaden erleiden. In der Rechtsprechung als Fehlverhalten anerkannt sind z. B. herabsetzende Beschimpfungen, ohne dass es auf die strafrechtliche Relevanz ankommt.[34] Ordnungsmaßnahmen kommen in der Regel erst in Betracht, wenn Erziehungsmaßnahmen wie ein Gespräch oder eine Ermahnung nicht ausreichen. Bei der Wahl der richtigen Maßnahme muss die Schule die Umstände des jeweiligen Einzelfalls (Anlass, Zusammenhang, Alter der Schüler_innen, allgemeiner Sprachgebrauch) berücksichtigen.[35] Zuständigkeiten und Verfahren sind in den jeweiligen Schulgesetzen der Länder geregelt.

Für einen Fall von Mobbing durch schwerwiegende Beleidigungen von Mitschüler_innen (Bezeichnung als „schwul", „Pussy" u.Ä.) hat das Verwaltungsgericht Köln z. B. entschieden, dass eine Ordnungsmaßnahme (hier: Überweisung des Täters in eine Parallelklasse) eine rechtmäßige Maßnahme sein kann.[36]

Mit ordnungsrechtlichen Maßnahmen allein wird man dem diskriminierenden Verhalten von Schüler_innen in der Regel nicht dauerhaft wirksam begegnen können. Positiv hervorzuheben ist hier die Regelung des Schulgesetzes des Landes Bremen, das explizit eine pädagogische Begleitung solcher Maßnahmen fordert:

§ 47 III BremSchulG
Ordnungsmaßnahmen können mit Auflagen verbunden werden und müssen besonders pädagogisch begleitet werden. Erforderlich ist die besondere pädagogische Begleitung insbesondere in Fällen der Verletzung der Würde von Mädchen, Frauen, Homosexuellen und der von kulturellen, ethnischen und religiösen Gruppen durch alle Formen der Gewalt. In besonderen Fällen ist ein Schulpsychologe oder eine Schulpsychologin hinzuzuziehen.

Zivilrechtliche Ahndungsmöglichkeiten

Das Schulrecht ermöglicht keine privatrechtlichen Sanktionen zwischen Schüler_innen oder Eltern. Allerdings kann betroffenen Eltern durchaus angeraten werden, in diesem Sinne anwaltliche Unterstützung in Anspruch zu nehmen, da es möglich ist, zivilrechtliche Unterlassungserklärungen sowie Abmahnungen rechtlich durchzusetzen.

11.7 Vorgehen bei Diskriminierung von Lehrkräften

Wie in den Grundlagen (siehe Kap. 3) beschrieben, haben auch Lehrkräfte die Möglichkeit, sich rechtlich gegen Diskriminierungen wegen ihrer sexuellen Orientierung oder ihres Geschlechts zu wehren. Das AGG – aber auch die Fürsorgeverpflichtung aus dem Beamtenstatusrecht – verpflichtet den Arbeitgeber/Dienstherrn für den Schutz der Lehrkräfte Sorge zu tragen.

34 VG Düsseldorf v. 27. 2. 2008, 18 K 2667/07.

35 OVG NRW v. 28. 10. 2009, 19 B 1530/09.

36 VG Köln v. 19. 4. 2011, 10 L 488/11.

11.7.1 Einstellung und Beförderung

Sollte der Verdacht bestehen, dass eine Einstellung oder eine Beförderung im Hinblick auf die sexuelle Orientierung oder das Geschlecht unterblieben sind, kann sich die Lehrkraft im Wege des einstweiligen Rechtsschutzes gegen die Versagung der Einstellung bzw. gegen die Beförderungsentscheidung zugunsten einer anderen Lehrkraft wehren.

11.7.2 Diskriminierung durch Kolleg_innen, Schüler_innen oder Eltern

Die Regelungen der §§ 1, 7 AGG verpflichten den Arbeitgeber bzw. den Dienstherrn, gegen Diskriminierungen einzuschreiten. So fordert z. B. § 12 AGG sowohl die Einleitung konkreter Maßnahmen gegen diejenigen Mitarbeiter_innen, von denen Diskriminierungen ausgehen, als auch die Einrichtung einer entsprechenden Beschwerdestelle.

In den Fällen, in denen die Diskriminierung von Lehrkräften von Schüler_innen oder Eltern ausgeht, hilft das AGG nicht aus sich heraus weiter, da es keine Eingriffe gegen Eltern oder Schüler_innen ermöglicht. Allerdings verpflichtet § 12 IV AGG den Arbeitgeber bei Benachteiligungen von Mitarbeiter_innen durch Dritte, die im Einzelfall geeigneten, erforderlichen und angemessenen Maßnahmen zum Schutz seiner Beschäftigten zu treffen. Auf Basis des Schulrechts kann die Schulleitung in diesen Fällen Ordnungs- und Erziehungsmaßnahmen verhängen und damit gegen unangemessenes Verhalten von Schüler_innen vorgehen. In gravierenden Fällen können auch zivilrechtliche – und vor allem strafrechtliche – Schritte erforderlich sein. So kann durchaus eine Strafanzeige (Strafantrag) wegen Beleidigung oder übler Nachrede in Betracht kommen, wenn eine Lehrkraft durch ein Elternteil beleidigt wird. Neben der Lehrkraft selbst kann auch der Dienstherr eine solche Tat zur Anzeige bringen, wenn die Person in Ausübung öffentlicher Aufgaben beleidigt wurde (§ 194 III StGB).

11.7.3 Unterstützung durch Personalvertretungen

Mehrere Landespersonalvertretungsgesetze (LPVG) weisen auch den Personalrät_innen die Aufgabe zu, über die Gleichbehandlung der beschäftigten Lehrkräfte zu wachen.

Hier kann Lehrer_innen nur angeraten werden, sich dieser Unterstützung durch Personalräte zu versichern und die entsprechende Expertise zu nutzen.

§ 62 LPVG NRW

Dienststelle und Personalvertretung haben darüber zu wachen, dass alle Angehörigen der Dienststelle nach Recht und Billigkeit behandelt werden, insbesondere, dass jede Benachteiligung von Personen aus Gründen ihrer Rasse oder wegen ihrer ethnischen Herkunft, ihrer Abstammung oder sonstigen Herkunft, ihrer Nationalität, ihrer Religion oder Weltanschauung, ihrer Behinderung, ihres Alters, ihrer politischen oder gewerkschaftlichen Betätigung oder Einstellung oder wegen ihres Geschlechts oder ihrer sexuellen Identität unterbleibt.

[Ähnlich auch § 61 Hessisches PVG.]

12 „Schule der Vielfalt" – ein bundesweites Antidiskriminierungsprojekt

Auf dem Weg zu einer Schule der Vielfalt muss eine Schule keineswegs bei null anfangen. Sie kann auf den Erfahrungen der Schulen aufbauen, die zum Teil schon seit vielen Jahren inklusive geschlechterbewusste Pädagogik in ihrer Schule verankert haben. Das seit 2008 existierende Antidiskriminierungsprojekt „Schule der Vielfalt" spielt in diesem Zusammenhang eine bedeutende Rolle. Das bundesweite Netzwerk ist ein inklusives Antidiskriminierungsprojekt mit dem Ziel, Vielfalt von LSBTIQ* im Bildungsbereich anzuerkennen und sichtbar zu verankern.

Während das Projekt anfangs nur auf Nordrhein-Westfalen (NRW) ausgerichtet war, ist es heute ein bundesweites Netzwerk mit Ansprechpersonen in 14 von 16 Bundesländern, wobei es in den einzelnen Bundesländern unterschiedlich stark aufgestellt ist. In Berlin und NRW gibt es hauptamtliche, von der Bildungsverwaltung abgeordnete Koordinator_innen, während die Arbeit in den anderen Bundesländern von ehrenamtlichen Teams geleistet wird, die von der LSBTIQ*-Community unterstützt werden (zum Beispiel durch SCHLAU in mehreren Bundesländern, „Fluss" in Freiburg i. Br. oder „LiebesLeben" in Dresden).

Das inklusive Antidiskriminierungsprojekt arbeitet intersektional und kooperiert mit unterschiedlichen Initiativen, wie z. B. „Schule ohne Rassismus – Schule mit Courage".

12.1 Zur Entstehung des Antidiskriminierungsprojekts

Die Initiative „Schule der Vielfalt – Schule ohne Homophobie" wurde gemeinsam von der Landeskoordination der Anti-Gewalt-Arbeit für Lesben, Schwule und Trans* in NRW und dem damaligen lesbisch-schwulen Schulaufklärungsprojekt SCHLAU NRW 2008 ins Leben gerufen. Ein Auslöser für die Initiative war die Kenntnis von konkreten, zum Teil schwerwiegenden Diskriminierungs- und Gewalterfahrungen sowohl von Schüler_innen als auch von Lehrkräften und der in einer Evaluation erhobene Befund, dass an vielen Schulen ein Klima herrscht, das von Unwissenheit, Ängsten, Vorurteilen und feindlichen Haltungen gegenüber Homosexualität und Trans* geprägt ist. Alle in Kapitel 2.2 beschriebenen Diskriminierungs- und Gewalterfahrungen wurden sichtbar: der abwertende Gebrauch des Wortes „schwul", verbale und körperliche Übergriffe gegenüber LSBTIQ*-Schüler_innen und Lehrkräften, die Normalisierung von Zweigeschlechtlichkeit und Heterosexualität sowie die Ausgrenzung derjenigen, die als anders definiert werden, die Unsichtbarkeit von LSBTIQ*, die mangelnde Thematisierung im Unterricht und – ganz im Gegensatz dazu stehend – die häufige Thematisierung unter Schüler_innen, oft in Form von Unverständnis, verbaler Abwertung oder Mobbing gegenüber einzelnen Schüler_innen.

Das Ziel der Initiative lag zunächst darin, eine gesellschaftliche Öffentlichkeit herzustellen und sich für die Ächtung von Homophobie und

Trans*feindlichkeit in der Schule einzusetzen. Heute wirkt „Schule der Vielfalt“ auf unterschiedlichen Ebenen daran mit, modellhaft deutlich zu machen, dass eine unaufgeregte und angemessene Thematisierung möglich ist, um einen respektvollen Umgang mit der Verschiedenheit von Lebens-, Liebesformen und Geschlechterrollen in einer heterogenen Gesellschaft zu erlernen. Durch unterschiedliche Aktivitäten wird am Abbau von Diskriminierungen und für ein Schulklima gearbeitet, in dem sich alle wohlfühlen können, unabhängig von Geschlecht und sexueller Orientierung.

12.2 Projektansatz von „Schule der Vielfalt“

„Schule der Vielfalt“ gilt sowohl als Bezeichnung für ein Programm in der Aus- und Fortbildung als auch für das Netzwerk von Schulprojekten vor Ort. D. h., es bietet zum einen Beratung und Information sowie Aus-, Fort- und Weiterbildung im Bildungsbereich an. Zum anderen unterstützt und begleitet es Schulen, die sich gegen die Diskriminierung von LSBTIQ* und für mehr Anerkennung einsetzen und als „offene Schulen“ Projektschulen werden. Diese Schulen werden inhaltlich und organisatorisch auf ihrem Weg zur „offenen Schule“ unterstützt. Sie zeichnen sich dadurch aus, dass sie ein Projektschild mit der Aufschrift „Come in – Wir sind offen“ sichtbar an der Schule anbringen und vom Projekt definierte Qualitätsstandards erfüllen (siehe Kap. 12.2.2).

12.2.1 Aus- und Fortbildungsangebote

„Schule der Vielfalt“ bietet Aus- und Fortbildungen an. Die didaktischen Grundlagen der Fortbildungen liegen dabei im Bereich der Demokratiepädagogik, einer Pädagogik vielfältiger Lebensweisen, Diversity Education, antisexistischer und geschlechterreflektierter Arbeit sowie Menschenrechtsbildung.

Die Aus- und Fortbildungen richten sich an (angehende) Lehrkräfte, Ausbildungsinstitutionen und Multiplikator_innen. Darüber hinaus werden regelmäßige Veranstaltungen für Bildungsverantwortliche angeboten (Fachtage, Pädagogische Fachgesprächskreise).

Am Zentrum für schulpraktische Lehrerausbildung in Hagen (NRW) werden beispielsweise alle angehenden Lehrkräfte des Seminars im Rahmen ihrer Lehramtsausbildung vonseiten des Projekts zu Antidiskriminierung – unter Einschluss von LSBTIQ*-Themen – fortgebildet. Die Thematisierung findet als Teil der Antidiskriminierungs- und Menschenrechtsarbeit statt.

Das Projekt „Schule der Vielfalt“ stellt auf seiner Homepage Informationen und Materialien für Lehrkräfte, Schulsozialarbeit, Schulleitungen, Eltern und am Bildungsprozess Interessierte bereit. Zum Beispiel:

- Unterrichts- und Projektbeispiele
- Materialien zur Situation von LSBTIQ* in Deutschland
- Adressen von Beratungs- und Informationsstellen
- Berichte über Tagungen, Fachtage, Forschungsergebnisse

12.2.2 Prozessbegleitung auf dem Weg zur Projektschule

Auf dem Weg zu einer „offenen Schule“ können Lehrkräfte, Eltern und Schüler_innen in allen Phasen Unterstützung durch das Projekt „Schule der Vielfalt“ bekommen, von der ersten Idee über den Entscheidungsprozess bezüglich einer Teilnahme bis hin zur langfristigen Umsetzung der Maßnahmen, die für eine Anerkennung als Projektschule gefordert sind.

Schulen, die sich gegen die Diskriminierung von Lesben, Schwulen, Bisexuellen und Trans*menschen und für mehr Anerkennung einsetzen möchten, können sich an das koordinierende Team in ihrem Bundesland wenden. Bereits während dieser Kontaktaufnahme können an der Schule Aktivitäten geplant oder sogar durchgeführt werden.

Wichtig bei der Projektplanung der Schule ist die Einbindung aller Mitglieder der Schulgemeinde. Offizielle Projektschule kann nur werden, wer einen positiven Beschluss der Gesamt- bzw. Schulkonferenz erlangt. Dazu ist eine gründliche Information der in den Gremien vertretenen Gruppen (Lehrkräfte, Eltern, Schüler_innen) erforderlich. Dies geschieht in zwei Schritten: Aktion und Information gehen Beschlüssen in den Gremien voraus. Dieser Prozess benötigt Zeit. Daher ist die frühzeitige Einbindung aller Voraussetzung für eine erfolgreiche Arbeit.

In vielen Schulen, die bislang Projektschulen geworden sind, waren es Schüler_innen der Schüler_innenvertretung, die die Initiative für das Projekt ergriffen haben. Voraussetzung dafür, dass das Projekt an ihrer Schule realisiert werden konnte, war es, dass sie ihre Schulleitung, die Lehrkräfte und Eltern als Unterstützung gewinnen konnten. Welche Hürden Schüler_innen dabei überwinden, verdeutlicht der Redebeitrag einer Schulleiterin beim Projektauftakt in Frechen:

> *„Vieles von dem, was in Schulen gestaltet und bewegt wird, wird von denen initiiert, deren Beruf es ist, von Lehrerinnen und Lehrern, oft von Schulleitungen.*
> *Bei diesem Projekt ‚Schule der Vielfalt' verhält es sich ganz anders: Es handelt sich um eine Initiative der Schülerschaft. Und die Schülerinnen und Schüler aus der SV, die mit dieser Idee kamen, haben einen langen Weg auf sich genommen.*
> *Sie haben sich erst einmal von der Schulleiterin anhören müssen, dass ihre Idee wunderbar ist, aber nichts nutzt, wenn sie keine Lehrer finden, die sie unterstützen. Also haben Vertreter der SV das Projekt ‚Schule der Vielfalt' in der Lehrerkonferenz vorgestellt, um Lehrer und Lehrerinnen zu finden, die es mittragen. Sie sind zur abendlichen Sitzung der Schulpflegschaft gekommen, um dort ebenfalls für ihr Projekt zu werben. Und schließlich haben sie es erreicht, dass die Schulkonferenz einstimmig den Beschluss gefasst hat, sich in diesem Schuljahr auf den Weg zu machen." (Pohl, 2018, S. 253)*

Die Erfahrung hat gezeigt, dass nicht alle Schüler_innen diese Ausdauer besitzen (manche verabschieden sich z. B. wegen des Abiturs) und argumentativ stark genug sind, um ihre Erfahrungen und damit die Notwendigkeit der Teilnahme am Projekt gegenüber den unterschiedlichen Gruppen – Mitschüler_innen, Eltern, Lehrkräften – zu vertreten. Trotz der Unterstützung der Fachberatungsstelle von „Schule der Vielfalt" bedarf es, wie sich gezeigt hat, nicht selten „älterer" Schüler_innen, die über ein entsprechendes Standing bei Schulleitung und Kollegium verfügen. Folglich überwiegen bisher Schulen im Projekt „Schule der Vielfalt", die eine Sekundarstufe II haben.

Auch wenn Akzeptanzarbeit zum Bildungsauftrag von Schulen gehört: In der Realität hängt viel davon ab, ob Schüler_innen auf eine offene Schulleitung treffen, die den Wert des Projekts für das Schulklima erkennt; ob die Einschätzung des Kollegiums dominiert, dass die bestehende Arbeitsverdichtung bereits zu hoch ist; und ob das Programm „Schule der Vielfalt" weniger als ein weiteres Thema und noch eine zusätzliche Aufgabe wahrgenommen, sondern vielmehr als Unterstützung verstanden wird. Die Evaluationen nach Fortbildungen zeigen: Die Themen von „Schule der Vielfalt" werden als schulalltags- und unterrichtsrelevant angesehen; es wird offensichtlich, dass Gender-Fragen alle betreffen und dass sie mit vielen „kleinen" Unterrichtsstörungen im Schulalltag sowie dem Zurückziehen und/oder Leistungsabfall einzelner Schüler_innen im Zusammenhang stehen.

Von den ersten Aktivitäten an einer Schule und dem Kontakt zur Landeskoordination von „Schule der Vielfalt" bis zum offiziellen Projektauftakt als einer neuen Projektschule dauert es erfahrungsgemäß mehr als ein Jahr. Der Auftakt wird (schul-)öffentlich gestaltet. Die Vertreter_innen der Lehrkräfte, Eltern und Schüler_innen unterzeichnen dabei eine Verpflichtungserklärung, in der es u. a. heißt: „Bei uns ist jede_r willkommen, unabhängig von der sexuellen Orientierung oder der geschlechtlichen Identität. Wir zeigen unser Engagement durch das öffentlich sichtbare Anbringen des Labels von Schule der Vielfalt an unserer Schule. Wir werden über unsere Aktivitäten bei der Förderung der Vielfalt sowie die Ablehnung von jeder Form von Diskriminierung jährlich öffentlich Auskunft geben. Wir sind überzeugt: Wertschätzung von Vielfalt in ihren unterschiedlichen Dimensionen hat eine positive Auswirkung auf die Gesellschaft. Daran arbeiten wir." (Schule der Vielfalt, 2013b, S. 10)

Neben der Selbstverpflichtung wird auch das Projektschild meistens im Rahmen eines Festaktes enthüllt. Das öffentlich sichtbar anzubringende Schild mit der Aufschrift „Come in – Wir sind offen" soll nach außen wie nach innen wirken, indem Begriffe, die sonst teilweise negativ konnotiert sind, hier zum Thema gemacht werden. Darüber hinaus verpflichtet sich die Schule mit dem Beschluss, Projektschule im Netzwerk sein zu wollen und das Schild anzubringen, die Qualitätsstandards von „Schule der Vielfalt" zu erfüllen. Dazu gehören u. a. die verbindliche Teilnahme an den Vernetzungstreffen, eine jährliche Berichtspflicht zu den Aktivitäten der Schule und die Benennung mindestens einer verantwortlichen Person aus dem pädagogischen Personal. Teile des Kollegiums nehmen an Aus- und Fortbildungen zu Themen betreffend Akzeptanz und Antidiskriminierung gegenüber sexueller und geschlechtlicher Vielfalt teil.

Dabei behaupten „Schulen der Vielfalt" nicht, sie seien Schulen ohne Homophobie oder Trans*feindlichkeit. Vielmehr sollen diese Symptome von tief in der Mitte der Gesellschaft verwurzelten Problemen im Schutzraum Schule nicht ignoriert, sondern aufmerksam und kompetent bearbeitet werden. Das Projektschild weist öffentlich sichtbar auf die eigene Verpflichtung dazu hin. Aufgrund der jährlichen Berichtspflicht findet eine „Rezertifizierung" statt, sofern die Schule weiterhin alle Qualitätsstandards erfüllt. Einzelnen Schulen werden für ihre Maßnahmen Urkunden verliehen.

12.2.3 Vernetzungsarbeit

Zur Unterstützung der Projektschulen bietet „Schule der Vielfalt" ein jährliches Vernetzungstreffen an, an dem Mitglieder der Projektschulen teilnehmen. Neben einem intensiven Austausch zum Projektstand und der offenen Diskussion über Probleme bei der Umsetzung, werden bei den Vernetzungstreffen Anregungen für das nächste Schuljahr gesammelt. Interessierte Schulen, die noch nicht am Projekt teilnehmen, werden als Gäste eingeladen und nutzen das Forum, um fundiert eigene Projektperspektiven zu entwickeln. Die Treffen wirken, insbesondere auch für Teilnehmende, die selbst LSBTIQ* sind, als Empowerment.

Diese Vernetzung und das Zusammenwirken der verschiedenen Schulen sind für die konkrete Projektschularbeit jeder einzelnen Schule (z. B. durch die Schüler_innenvertretung) unverzichtbar. Gerade sie sichern eine langfristige und erfolgreiche Antidiskriminierungsarbeit.

12.3 Beispiel: Eine Gesamtschule wird Projektschule

Macht sich eine Schule auf den Weg, offizielle Projektschule im Netzwerk von „Schule der Vielfalt“ zu werden, geht die Initiative, wie dargestellt, häufig von Schüler_innen der Schüler_innenvertretung (SV) aus. In einem nächsten Schritt stellt sich für die SV die Frage, ob sie die Unterstützung der Schulleitung erhält. An der Wilhelm-Kraft-Gesamtschule (WKGE) in Sprockhövel (NRW) stieß die SV bei der Schulleitung auf offene Ohren. Dabei ging der Gründung einer Solidaritäts-AG im Rahmen von „Schule der Vielfalt“ ein längerer Diskussionsprozess an der Schule voraus.

Seit einigen Jahren war die WKGE bereits „Schule ohne Rassismus – Schule mit Courage“. Jedoch war nach Auffassung der SV seit geraumer Zeit „nichts mehr“ in Bezug auf die antirassistische Menschenrechtsarbeit „passiert“. Dies monierte die SV in einer Dienstbesprechung der Lehrkräfte, die daraufhin für das Folgeschuljahr entsprechende Maßnahmen beschloss und umsetzte. Dazu gehörte z. B. der übliche Courage-Projekttag.

Im folgenden Schuljahr lobte die SV zwar das Engagement des WKGE-Kollegiums. Jedoch befanden die SV-Schüler_innen zugleich: „Hier gibt es ein weiteres Problem: Homophobie.“ Mit Unterstützung der Schulsozialarbeit wurde zur Bearbeitung des Themas ein_e kompetente_r Partner_in gesucht und mit der Bochumer Beratungsstelle „Rosa Strippe“ auch gefunden. Als Mitinitiatorin von „Schule der Vielfalt“ stellte sie die Konzeption vor und bot der AG Unterstützung an, die sich vonseiten der Schüler_innen gründen wollte, um das Thema „Homophobie und Trans*feindlichkeit“ in die Schule einzubringen.

Ein Schuljahr lang arbeitete die AG intensiv daran und erhielt vom Schulleiter das Angebot, den Projektauftakt mit der Feier zum 25-jährigen Bestehen der Schule zu verbinden. Aus der Jubiläumsfeier wurde ein Aktionstag mit Hissen der Regenbogenflagge sowie Gesprächskreisen zwischen Schüler_innen der AG und Mitschüler_innen. Im Philosophieunterricht war das Thema Sexualität und Homosexualität in Vorbereitung auf den Tag ein Schwerpunkt. Unter dem Titel „Gemeinsam anders“ gestalteten die Schüler_innen einer 9. Klasse mit ihren Klassenlehrerinnen ein riesiges Wandbild für die Schule.

Beim Festakt erfuhr die Schulgemeinde zugleich, warum sich der Schulleiter von Beginn an offen für das Engagement der Jugendlichen zeigte. Er erklärte, dass er von einem ehemaligen Schüler einen Brief erhalten habe, in dem dieser von der Feindlichkeit unter Schüler_innen gegenüber Lesben und Schwulen berichtete, die den Lehrkräften wohl nicht aufgefallen sei. Dieser habe als schwuler Schüler darunter gelitten, sich aber nicht getraut, dies öffentlich zu machen.

Der Schulleiter dankte den Schüler_innen für die vielen Aktionen zur Feier des Tages. Er zitierte schließlich noch einmal den ehemaligen Abiturienten, der von den Aktivitäten an seiner alten Schule gehört hatte: „Eine solche Aktion hätte mir damals sehr geholfen!“ (Schule der Vielfalt, 2013, S. 5)

Die Wilhelm-Kraft-Gesamtschule wurde bei ihrem 25. Jubiläum 2012 sechste Schule (von mittlerweile 36 in NRW – Stand April 2019) im Projekt „Schule der Vielfalt“. Die damals an der WKGE gegründete und bis heute aktive Arbeitsgemeinschaft mit dem provokanten Titel „Pro Homo“ (Selbstbezeichnung der damaligen Gründungs-Schüler_innen zum Ausdruck ihrer Solidarität) ist für nachfolgende Schulen häufig immer noch ein Vorbild, wenn sich dort Arbeitsgruppen unter Bezeichnungen wie „Diversity“ oder „Regenbogen“ engagieren.

13 Projekte gestalten – Beispiele aus der schulischen Praxis[37]

Im Folgenden werden Konzepte für zwei Projekte vorgestellt: eine Projektwoche und ein dreitägiges Projekt. Die Projektwoche „Voll schwul!" wurde von Magnus Anschütz und Andreas Osterkamp konzipiert und von Andreas Osterkamp am Städtischen Gymnasium Wermelskirchen (WK) in Nordrhein-Westfalen 2017 durchgeführt.

Das dreitägige Projekt „Time's up! – Gender equality now!" wurde von Magnus Anschütz konzipiert und am Erzbischöflichen Gymnasium Marienschule Opladen (MSO) 2018 durchgeführt.

Die Motivation für die außerunterrichtliche Durchführung, lag darin, dass Projektwochen und Projekttage eine besondere Zeit in der Schule sind. Unterrichtszeiten werden aufgebrochen und Schulgongs ausgestellt. Es ist eine seltene Möglichkeit im Schulalltag, Schüler_innen interessengeleitet in Gruppen zusammenzubringen und stufenübergreifend miteinander neue Kompetenzen erfahren und erlernen zu lassen.

Der inhaltlichen Notwendigkeit für die Thematisierung von sexueller und geschlechtlicher Vielfalt im jeweiligen Projekt lag folgende Beobachtung zugrunde: Ungleichheit in der alltäglichen Behandlung sind viele Schüler_innen an unseren Schulen gewöhnt. „Ich brauche mal zwei starke Jungs, die die Wörterbücher aus dem Kopierraum holen!", fällt meistens nur den Schülerinnen, die auf einer Mädchenschule waren, als einschränkend auf. Viele Schülerinnen beklagen allerdings, dass sie es häufig sind, die in Gruppenarbeiten die Plakate schreiben, die Jungen aber die Noten für die Präsentation der Plakate bekommen. Zudem besteht ein konkreter (schulischer) Lebensbezug: Schwul ist auch in der Marienschule eines der am häufigsten benutzten Schimpfwörter auf dem Schulhof. Dadurch wird eine sexuelle Orientierung gleichgesetzt mit allem, was Schüler_innen gerade schlecht finden: Mathe kann „schwul" sein, die anstehende Französischarbeit oder die neue Betreuerin in der Übermittagsbetreuung. Schüler_innen, die nicht heterosexuell sind, wird so ein Coming-out deutlich erschwert, weil sie sich dann doppelt schwächen. Sie sind nicht nur nicht heterosexuell und zählen damit zu einer Randgruppe. Sie sind außerdem auch noch „alles, was Schüler_innen gerade schlecht finden".

13.1 Projektwoche „Voll schwul!"

Tag 1:
Homosexualität – eine Annäherung an die Thematik

Der erste Tag steht ganz im Zeichen des Kennenlernens. Die Gruppen sind während Projektwochen in der Regel bunt gemischt. Im konkreten Fall handelte es sich um 30 Schüler_innen der Jahrgangsstufen 9-Q1. Das ist einerseits bereichernd, weil auf diese Weise verschiedene Persönlichkeiten und Perspektiven in die Arbeit der Gruppe mit einfließen. Andererseits ist es im Sinne einer konstruktiven Zusammenarbeit – insbesondere bei einem Thema wie diesem – wünschenswert und notwendig, ein gewisses Grundvertrauen innerhalb der Gruppe herzustellen.

Der Herstellung einer gemeinsamen Arbeitsbasis dient auch der zweite Programmpunkt des Tages: die Aufstellung von Regeln (Vereinbarung von Vertraulichkeit im Hinblick auf individuelle Äußerungen, Verständigung auf Pausenzeiten, gegebenenfalls Regeln für die Handynutzung usw.). Sinnvoll ist an dieser Stelle auch die Einführung einer Fragenbox, in die die Jugendli-

37 Dieses Kapitel entstand unter Mitarbeit von Magnus Anschütz und Andreas Osterkamp.

Projektwoche „Voll schwul!“ – Programmplan

	Montag	Dienstag	Mittwoch	Donnerstag	Freitag	Samstag
Thema des Tages	Homosexualität – eine Annäherung an die Thematik	Homosexualität in der Gesellschaft	Besuch des Antidiskriminierungsprojekts SCHLAU	Homosexualität in der Schule	Vorbereitung der Präsentation	Präsentation
Konkreter Inhalt	Kennenlernen Organisatorisches: Besprechung von Regeln u. Vorstellen des Wochenplans Thematischer Einstieg: Quiz Arbeitsteilige Erarbeitung verschiedener Aspekte ■ Regenbogenflagge ■ Homosexuelle als Teil der Gesellschaft ■ Der CSD ■ Gleichstellung in Deutschland ■ Gleichstellung international – ILGA-World-Map ■ Geschichte der Homosexualität in Deutschland ■ LGBTQI* – was ist das?	Impuls: Verliebt in Alex ■ Warum ist das so ein großes Ding? Erarbeitung von möglichen Problemen eines Coming-outs und beeinflussenden Rahmenbedingungen ■ Coming-out – das Beispiel Webserie „Julian“ → Probleme → Rahmenbedingungen Rahmenbedingungen konkret: Entwicklung einer Umfrage an unserer Schule		■ Reflexion SCHLAU ■ Auswertung der Statistiken ■ Was können wir an unserer Schule für noch bessere Rahmenbedingungen tun? → kreative Ideen in KG umsetzen ■ Vorbereitung Präsentation		

chen sämtliche Fragen zum Thema anonym einwerfen können. Diese können im weiteren Verlauf von der Lehrkraft oder noch besser von der Gruppe selbst beantwortet/diskutiert werden. Am WK dienten die Fragen auch dem Team von SCHLAU beim Workshop am dritten Tag als Aufhänger.

Ein Quiz leitet die inhaltliche Arbeit ein. Die Lehrkraft liest verschiedene Fragen und mögliche Antworten vor. Sie weist jeder Antwort eine Ziffer und einen zugehörigen Ort im Raum zu. Die Schüler_innen positionieren sich entsprechend der vermuteten richtigen Antwort im Raum.

Quiz

Mögliche Fragen sind:

- Was ist das Zeichen der Homosexuellen? (1: Rosa Winkel; 2: Einhorn; 3: Regenbogen)
  → Bedeutung? Rosa Winkel?
- Wie viel Prozent der Menschheit sind homosexuell? (1: 3 %; 2: 10 %; 3: 25 %)
  → Was bedeutet das für Gesellschaft, Schule, WK?
- Was ist der CSD? (1: Christopher Street Day; 2: Christlicher Sonntags-Dienst; 3: Carnevalistische-Sing-Demonstration)
  → Was ist das? Entstehung? Motivation? Aussage?
- Seit wann können in Deutschland homosexuelle Paare heiraten? (1: 1949; 2: 1969; 3:1990; 4: 2017)
  → unterschiedliche Behandlung in Kirchen und Staat; damit verbundene Rechte
- In welchem Land der Welt sind Homosexuelle den Heterosexuellen am ehesten gleichgestellt? (1: Island; 2: USA; 3: Polen; 4: Südafrika; 5: Deutschland; 6: Spanien)
  → ILGA-World-Map; Präsentation in Form einer Reisebüro-Beratung (Vor- und Nachteile)
- Wie lange stand Homosexualität in der Bundesrepublik Deutschland unter Strafe? (1: 1948; 2: 1975; 3: 1994)
  → Rechtliche Behandlung von Homosexuellen; um welche Homosexualität handelt es sich?
- Wofür steht die Abkürzung LGBTQI*? (1: Lieber grillen, backen, tanzen und quatschen als sich informieren; 2: Laktose-Grenz-Belastungs-Toleranz-Quotienten-Index; 3: Lesbian-Gay-Bi-Trans-Queer-Intersexual)
  → Was bedeutet das? Entwicklung der Abkürzung? Fehlt noch was?

Die Pfeile weisen auf mögliche Anknüpfungspunkte für vertiefende Rückfragen seitens der Lehrkraft hin, die auch der Überleitung zur weiteren Erarbeitung dienen können. Denn im Folgenden sollen die Schüler_innen sich arbeitsteilig mit verschiedenen Aspekten auseinandersetzen, die bereits mit den Fragen angerissen wurden.

Tag 2: Homosexualität in der Gesellschaft

Im Mittelpunkt des zweiten Tages steht die persönliche Ebene. Wie bereits erwähnt, sind nichtheterosexuelle Jugendliche an Schulen nach wie vor kaum sichtbar.

Eine erste Annäherung an die Problematik erfolgt mittels der von Magnus Anschütz entwickelten Methode „Verliebt in Alex“. Dabei werden zunächst Namen an der Tafel gesammelt, die sowohl männlich als auch weiblich interpretiert werden können. Im Anschluss einigt die Gruppe sich auf einen favorisierten Namen. Im nächsten Schritt wird die Gruppe geteilt. Die Lehrkraft liest verschiedene Aussagen zu Lebens- und Beziehungssituationen in der Schule und im All-

SEXUAL ORIENTATION LAWS IN THE WORLD - 2019

From criminalisation of consensual same-sex sexual acts between adults to protection against discrimination based on sexual orientation

Protection against discrimination based on sexual orientation

Constitutional Protection	Broad Protection	Employment Protection	Limited/Uneven Protection	No Prot. / No Crim.
9	52	73	8	55

Criminalisation of consensual same-sex sexual acts between adults

De Facto Criminalisation	Up to 8 Years Imprisonment	10 Years to Life in Prison	Death Penalty
2	31	26	6 (E) Effective, 5 (P) Possible

Legal recognition of families

- Marriage or other forms of legal union for same-sex couples
- Adoption open to same-sex couples

Legal barriers to the exercise of rights

- Legal barriers to freedom of expression on SOGIESC issues
- Legal barriers to the registration or operation of sexual orientation related CSOs

ilga world

The data presented in this map is based on *State-Sponsored Homophobia*, an ILGA report by Lucas Ramón Mendos. This map can be reproduced and printed without permission as long as ILGA is properly credited and the content is not altered. ilga.org

tag vor (z. B.: „In den Pausen halte ich mit meinem Freund Händchen.") Die Schüler_innen sollen jeweils einen Strich auf ein Blatt Papier machen, wenn sie der Aussage zustimmen. Die Besonderheit liegt darin, dass die eine Hälfte der Gruppe die Aufgabe hat, den ausgewählten Namen männlich zu interpretieren, während die andere Hälfte die weibliche Perspektive einnimmt. In der Auswertung werden klare Unterschiede zwischen heterosexueller und homosexueller Interpretation der Rolle deutlich, woraus sich ein erstes Gespräch über mögliche Ursachen entwickeln kann.

Zur Überprüfung der aufgestellten Hypothesen schauen die Schüler_innen im Anschluss zum Beispiel die ersten vier Folgen der auf Youtube abrufbaren Webserie „Julian". Währenddessen sollen sie sich Notizen machen, welche Probleme der Protagonist Julian hat und welche Rahmenbedingungen dabei (für ihn) eine Rolle spielen. Die Webserie besticht nicht nur dadurch, dass sie für die Schüler_innen einen anschaulicheren Zugang zur Thematik als z. B. ein Sachtext bietet, sondern besonders auch dadurch, dass sie durch das Alter der Schauspieler_innen unmittelbar an ihre eigene Lebenswelt anknüpft.

Alternativ bieten sich auch ein Spielfilm (siehe Kap. 14) oder die von „funk" produzierte dritte Staffel der Webserie „Druck" an (ebenfalls auf Youtube), eine Adaption des norwegischen Originals „Skam".

Durch die Beschäftigung mit einem der oben genannten Filme ist die Basis für einen Transfer in das eigene Schulumfeld gelegt. Anschließend führen die Schüler_innen eine Umfrage zum Thema „Einstellungen und Meinungen zu Homosexualität" an ihrer Schule durch und werten sie aus. Am WK erfolgte die Entwicklung des Fragebogens in einem gelenkten Unterrichtsgespräch. Der Vorteil, die Schüler_innen aktiv an der Entwicklung teilhaben zu lassen, wurde hier jedoch mit Passivität und entsprechender Unruhe in weiten Teilen der Gruppe erkauft, was auch in den (sinngemäß wiedergegebenen) Antworten aus der abschließenden Evaluation zum Ausdruck kommt:

- Frage: Was war gut?
  Antwort: Die Durchführung und Auswertung der Umfrage.
- Frage: Was war nicht so gut?
  Antwort: Die Erstellung der Umfrage.

Alternativ ist es auch möglich, auf bereits vorhandene Fragebögen zurückzugreifen. Wichtig ist es in jedem Fall, sich vorab die Fragen von der Schulleitung genehmigen zu lassen; das Kollegium über Inhalt und Art der geplanten Umfrage zu informieren, kann zusätzlich eine unterstützende Wirkung haben.

Der auf der folgenden Seite dargestellte Fragebogen verfolgt mit seinem Aufbau mehrere Zielrichtungen: Die ersten acht Fragen befassen sich mit der eigenen Einstellung zu Homosexualität. Dabei sind die Fragen so gewählt, dass die Wahrnehmung von Homosexualität in einem immer persönlicheren Rahmen verortet wird. Auf diese Weise können die Reichweite und die Grenzen der Akzeptanz ermittelt werden. Während eine allgemeine Akzeptanz noch keine tiefergehende Auseinandersetzung mit dem Thema erfordert, gestaltet sich das bei einem Vorkommen im sozialen Nahraum aufgrund der mehr oder weniger unmittelbaren „Betroffenheit" in der Regel anders und bringt die Befragten dazu, ihre Einstellung zu reflektieren und zu differenzieren.[38] Die Fragen neun und zehn betreffen schließlich das Individuum selbst. Unterschieden wird an dieser Stelle zwischen gleichgeschlechtlichem Kontakt („Küssen") und gleichgeschlechtlichen Gefühlen („Verlieben"). Eine Differenz in den Antworten kann sowohl Hinweis auf die „Offenheit" heterosexuel-

38 Diese Erkenntnis für den Schulbereich entspricht auch Studienergebnissen für Deutschland. Die Antidiskriminierungsstelle des Bundes (ADS) stellte in einer repräsentativen Studie 2017 fest, dass die Akzeptanz Homosexueller in den letzten Jahren zwar zugenommen habe. Je unmittelbarer die Befragten in ihrem Alltag jedoch mit Homosexualität konfrontiert sind, desto unangenehmer finden sie die Vorstellung und desto seltener ist ihnen diese egal (siehe Küpper/Klocke/Hoffmann, 2017).

ler Jugendlicher gegenüber Erfahrungen mit dem gleichen Geschlecht sein als auch die Frage nach der Bereitschaft aufwerfen, sich entsprechend der eigenen sexuellen Vorlieben auch als homosexuell zu definieren. Die Fragen elf bis dreizehn lenken den Blick auf das Themenfeld Diskriminierung. Auch hier wird mit jeder Frage mehr Nähe zur befragten Person aufgebaut. Entsprechend den Befürchtungen des Charakters Julian aus der Webserie nehmen die Fragen vierzehn bis siebzehn letztlich die (vermutete) Einstellung des eigenen sozialen Umfelds in den Blick.

Interessant wäre an dieser Stelle sicherlich eine Wiederholung der Befragung in regelmäßigen Abständen, um Veränderungen in den Einstellungen über einen längeren Zeitraum nachvollziehen zu können. Das würde aber auch höhere Anforderungen an die Befragung selbst stellen, auf die im Rahmen der Beschreibung der Auswertung noch näher eingegangen wird.

Tag 3:
Besuch von SCHLAU Köln

Am dritten Tag bekam die Gruppe des WK Besuch vom Antidiskriminierungsprojekt SCHLAU Köln (Erläuterungen zu SCHLAU siehe Kapitel 5.5). Durch den Besuch der Teamer_innen von SCHLAU Köln konnten die Themen niedrigschwellig mittels verschiedener pädagogischer Methoden angegangen werden. Die Teamer_innen sprachen mit den Schüler_innen über Lebenswirklichkeiten und Biografien, das eigene Coming-out, Diskriminierungserfahrungen sowie Vorurteile und Rollenbilder.

Der Umfang und ungefähre Inhalte werden für die jeweiligen Workshops im Voraus individuell vereinbart. Die Lehrkraft lernt die durchführenden Personen sowie die SCHLAU-Methoden in einem Vorgespräch kennen. Da die Schüler_innen sich in Abwesenheit der Lehrkraft erfahrungsgemäß ungehemmter auf das Thema einlassen können, nimmt diese nicht an dem Workshop teil.

Praktischer Nebeneffekt: Die Lehrkraft hat Zeit für die Vorbereitung der weiteren Tage, zur Auswertung der Fragebögen und/oder der Aufbereitung der Auswertung in Form von Statistiken.

Nicht zufällig wurde für den Workshop der dritte Tag ausgewählt. Zum einen kennt sich die Gruppe mittlerweile besser, sodass eine offenere Gesprächsatmosphäre herrscht. Außerdem haben sich die Schüler_innen zu diesem Zeitpunkt schon Basiswissen erarbeitet, sodass der Workshop intensiver auf die Thematik eingehen kann. Zum anderen bleibt so in den beiden Folgetagen noch ausreichend Zeit, den Besuch zu reflektieren und in die weitere inhaltliche Arbeit einfließen zu lassen.

Tag 4:
Homosexualität in der Schule

Zunächst schildern die Schüler_innen ihren Eindruck vom Workshop am Vortag. Nach einhelliger Meinung (die sich später auch auf den Reflexionsbögen wiederfand) gehörte dieser bei den Schüler_innen des WK zu den absoluten Highlights der Woche.

Dann werden die Statistiken in der Gruppe ausgewertet. Allgemein bieten sich hier verschiedene Methoden an, wie z. B. ein Museumsgang, ein World Café oder auch ein Schreibgespräch. Natürlich ist auch die Auswertung im Plenum denkbar.

Die Fragebogenauswertung sollte mit der Reflexion der methodischen Ebene beginnen. Im Fall des WK wurden hier einige Fallstricke offenbar, die die Qualität der Ergebnisse beeinflussen und entsprechend bei der inhaltlichen Auswertung berücksichtigt werden müssen.

- Viel hängt von der Durchführung der Umfrage ab. Trotz der Bitte, den Bogen individuell auszufüllen, kam es immer wieder vor, dass Schüler_innen die Fragen kollektiv beantworteten. Auch wenn die individuelle Ebene hier in den Hintergrund rückt, lassen sich aus den Beobachtungen der Befrager_innen zu den Reaktionen der befragten Schüler_innen doch noch Rückschlüsse auf das allgemeine Schulklima ziehen.

Fragebogen: Einstellungen und Meinungen zu Homosexualität

Stufe:

Geschlecht: ☐ weiblich ☐ männlich ☐ eigene Definition (bitte angeben):

	Stimme ich voll zu	Stimme ich eher zu	Neutral	Stimme ich eher nicht zu	Stimme ich nicht zu	Weiß ich nicht / Enthaltung
1. Ich finde Homosexualität in Ordnung.						
2. Ich finde es in Ordnung, wenn sich zwei Homosexuelle in der Öffentlichkeit küssen.						
3. Ich finde es in Ordnung, wenn sich meine Lehrer_innen outen.						
4. Ich finde es in Ordnung, wenn sich jemand in der Klasse/Stufe outet.						
5. Ich finde es in Ordnung, mit einer homosexuellen Person auf der Klassenfahrt das Zimmer zu teilen.						
6. Ich finde es in Ordnung, mir mit einer homosexuellen Person eine Umkleide zu teilen.						
7. Ich finde es in Ordnung, wenn sich jemand aus meinem Freundeskreis als homosexuell outet.						
8. Ich finde es in Ordnung, wenn sich jemand in meiner Familie als homosexuell outet.						
9. Ich könnte mir vorstellen, eine Person gleichen Geschlechts zu küssen.						
10. Ich könnte mir vorstellen, mich in eine Person gleichen Geschlechts zu verlieben.						
11. Ich habe schon selbst erlebt, dass jemand in meiner Umgebung wegen seiner Homosexualität diskriminiert wurde.						
12. Ich würde dazwischengehen, wenn ich mitbekomme, dass Homosexuelle diskriminiert werden.						
13. Ich würde mich in Antidiskriminierungskampagnen engagieren (persönlich/finanziell).						
14. Ich nehme an, dass mein Freundeskreis eine positive Einstellung zum Thema Homosexualität hat.						
15. Ich nehme an, dass meine Familie eine positive Einstellung zum Thema Homosexualität hat.						

	Ja	Eher ja	Vielleicht	Eher nein	Nein	Weiß ich nicht / Enthaltung
16. Angenommen, du würdest selbst merken, homosexuell zu sein: Würdest du dich outen?						
17. Optional: Wie würdest du dich outen? Bei wem zuerst und warum? (Für Textantwort bitte Rückseite benutzen!)						

Der Fragebogen wurde im Rahmen der Projektwoche gemeinsam mit den Schüler_innen entwickelt.

- Es sollte vorher geklärt werden, Schüler_innen welchen Alters befragt werden. Kinder der Erprobungsstufe konnten oftmals noch wenig mit den verwendeten Begriffen anfangen. Hier wären ein modifizierter Fragebogen und eine separate Befragung sinnvoll.
- Der Begriff „Diskriminierung" ist nicht eindeutig definiert, sodass an dieser Stelle ein großer Interpretationsspielraum vorhanden war, der unter Umständen die Beantwortung der Frage erschwerte.
- Eine ausgewogene Befragung von Jungen und Mädchen erlaubt eine differenziertere Auswertung und Vergleichbarkeit.
- Am Ende der inhaltlichen Auswertung bieten sich zusammenfassende Impulsfragen an, wie z. B.:
  - Welche Eindrücke habt ihr bei der Erhebung gewonnen?
  - Welchen Eindruck hinterlassen die Statistiken bei euch?
  - Stimmt das mit euren Erwartungen/Erfahrungen überein?
  - Warum sind die Zahlen so negativ?
  - Wenn die Zahlen so positiv sind, warum outen sich dann doch nur so wenige an der Schule (in Anbetracht der statistischen Häufigkeit)?

Die Fragen bieten nicht nur Gelegenheit, die Ergebnisse als Ganzes und ihren Erkenntniswert nochmals gebündelt zu besprechen. Sie können auch als Überleitung zur nächsten Phase dienen, in der es darum geht, die bisher gewonnenen Einblicke konstruktiv im Sinne einer positiven Beeinflussung der Rahmenbedingungen an der Schule zu nutzen.

Ein hilfreicher Impuls könnte hier der Verweis auf bereits existierende öffentlichkeitswirksame Aktionen sein, z. B. auf die Spieler der Fußballmannschaft von Hertha BSC Berlin, die im Oktober 2016 vor dem Anpfiff gegen St. Pauli ein Aufwärmtrikot mit der regenbogenbunten Aufschrift „Toleranz" trugen und damit auf ein homophobes Fanbanner vom vorangegangenen Wochenende reagierten.

Als weiterer Impuls können den Schüler_innen konkrete Vorschläge unterbreitet werden: z. B. die Erstellung eines Poetry-Slam-Beitrags, eines Rap-Songs, eines Videos, einer Fotostory oder eines Comics, der unter der Überschrift „Gegen Diskriminierung" auch das Thema Homosexualität oder Trans* aufgreift. Vorstellbar ist auch eine Internetrecherche nach möglichen Konzepten, mit denen Schulen gegen Diskriminierung (auch aufgrund der Sexualität) vorgehen können (z. B. „Schule der Vielfalt"). Der restliche Tag steht den Schüler_innen zur Umsetzung ihrer Ideen zur Verfügung.

Tag 5:
Vorbereitung der Präsentation

Da das Städtische Gymnasium Wermelskirchen die Projektwoche mit einem Präsentationstag für Schüler_innen, Eltern und Lehrer_innen abschließen wollte, ging es am letzten Tag vornehmlich um gestalterische Aspekte.

Zu Beginn bietet sich nochmals ein Rückblick auf die vergangenen Tage an, um die einzelnen inhaltlichen Punkte zurück ins Bewusstsein der Schüler_innen zu holen. Im Anschluss können die Schüler_innen ihre Projekte vom Vortag beenden, sich Gedanken zu möglichen Präsentationsformen machen, den Raum gestalten usw.

Wichtig ist es, die Zuständigkeiten für den Präsentationstag festzulegen: Wer stellt wann was und wie dem Publikum vor? Wenn möglich, kann es sinnvoll sein, die Präsentation einmal durchzuspielen, indem der Rest der Gruppe die Rolle des Publikums übernimmt und Fragen stellen darf. So können sich die Schüler_innen bereits auf mögliche Fragen vorbereiten. In dem Zusammenhang sollte auch besprochen werden, wie mit negativen Reaktionen umgegangen werden soll.

Zu guter Letzt sollten die vergangenen Projekttage evaluiert werden. Mögliche Fragen hierzu sind:

- Was hat mir in diesen Tagen Spaß gemacht? Was fand ich gut?

- Weniger gut gefallen hat mir …
- Was war überflüssig?
- Was nehme ich für mich persönlich aus diesem Projekt mit?
- Wie hat mir die Stimmung in der Gruppe gefallen?
- Was hat mir gefehlt?
- Den Workshop mit SCHLAU fand ich …, weil …
- Ich könnte mir vorstellen, mich weiter mit der Thematik zu beschäftigen (z. B. in einer AG) …
- Wenn ja: Darüber würde ich gerne mehr erfahren / das wäre mir wichtig …
- Was ich noch sagen wollte …

Im Sinne der Nachhaltigkeit sind besonders die letzten drei Fragen interessant. Die Antworten können dabei helfen herauszufinden, wie der Ertrag der vergangenen Tage über das Wochenende hinaus für eine positive Gestaltung des Schullebens genutzt werden kann. Denn einzelne Projekttage oder auch eine ganze Projektwoche können zwar der Anstoß für eine positive Entwicklung sein, für langfristige und nachhaltige Veränderungen sind jedoch weitere Schritte unabdingbar.

13.2 Projekttage „Time's up! – Gender equality now!"

Dem Projektbeginn ging voraus, dass die Schüler_innen der Schule gebeten wurden, für das schulweite Projektthema „Vielfalt" konkrete Themenvorschläge einzureichen. Einzelne Gruppen oder Klassen sollten sich anschließend Lehrer_innen suchen, die mit ihnen zusammen das eigene Unterthema umsetzen. Das Thema „Time's up! – Gender equality now!" habe sich eine Gruppe von Schüler_innen selbst ausgesucht und ihn gebeten, das Thema projektwochengerecht zu gestalten. Die Gruppe bestand aus acht Schülerinnen, der Stufe Q1 (11. Jahrgang).

Übersicht Projekttage: Time's up! – Gender equalitiy now!

Tag 1	Tag 2	Tag 3
Thema des Tages: Wer ist dieser Gender? Und sind wir davon beeinflusst?	**Was macht Gender an unserer Schule?**	**Wie sagen wir es den anderen, ohne sie zu erschrecken?**
Konkreter Inhalt: ■ Kartenabfrage zu Erwartungen an die Projektwoche ■ Lehrer_invortrag über „Gendertheorien" mit Schwerpunkt auf „Konstruktivistische Gendertheorie" (s. Palzkill in „Gendersensible Bildung und Erziehung in der Schule") ■ Erfahrungsübungen zur eigenen Empathieförderung ■ Gruppendiskussion zu Alltagserfahrungen	Konkreter Inhalt: ■ Genderunicorn ■ Filmausschnitt „Kein Mann für leichte Stunden" ■ Medienaustausch unter den Schüler_innen ■ Alltag in der Schule ■ Schulbuchcheck ■ Arbeitsgruppen: Wie präsentieren wir unsere Ergebnisse?	Konkreter Inhalt: ■ Einstieg in den Tag mit kurzer Diskussion über den Trailer des Films „Letztendlich sind wir dem Universum egal" (erschienen Mai 2018) ■ Gruppenarbeiten zu den einzelnen „Stationen" im „Ergebnisrundgang"

Tag 1:
„Wer ist dieser Gender?
Sind wir davon beeinflusst?"

1. Kartenabfrage

Auf Karten, die die Teilnehmenden ausfüllen, beenden sie zum Beispiel folgenden Satz: „Die Projektwoche ist für mich gut gelaufen, wenn ich …"

2. Vortrag der Lehrkraft über „Gendertheorien" mit dem Schwerpunkt auf dekonstruktivistische Theorien
(siehe Kap. 1)

„Gender" ist ein Schlagwort, das von vielen Akteur_innen in verschiedenen Kontexten unterschiedlich eingesetzt und populistisch verwendet wird. Daher ist es zu Beginn der Projektwoche unerlässlich, alle Teilnehmenden auf den gleichen Wissensstand zu bringen.

Im konkreten Fall des Gymnasiums Marienschule Opladen (MSO) wurde der Ansatz des Lehrer_innenvortrags gewählt, weil die Erarbeitung durch Gruppenpuzzle, Schreibgespräch oder andere Methoden zu zeitintensiv gewesen wäre und die erwarteten Ergebnisse nicht im Verhältnis zur Zeit gestanden hätten.

Der Lehrer_innenvortrag beleuchtet kurz drei verschiedene Ansätze zu Gendertheorien – biologischer, sozial-konstruktivistischer und dekonstruktivistischer Ansatz (siehe Palzkill, 2017) – und erläutert die in Kapitel 1.1 dargestellten Grundlagen.

3. Erfahrungsübungen zur eigenen Empathieförderung

Um die Theorie anzuwenden, eignen sich nach dem Lehrer_innenvortrag Übungen, die veranschaulichen, dass alle Menschen ihrem Geschlecht entsprechend „performen". Dafür braucht man eine Gruppe Mädchen und Jungen.[39]

Erfahrungsübungen

Übung 1

- In der ersten Übung gehen die Schüler_innen in zwei Gruppen aufeinander zu und aneinander vorbei. Sie dürfen sich dabei nicht berühren, auch wenn der zur Verfügung gestellte Platz nicht groß ist. Anschließend beschreiben sie, was ihnen aufgefallen ist: Männer wenden sich beim Vorbeigehen den Frauen zu, Frauen wenden sich ab, zeigen „kalte" Schulter usw.
- Als Nächstes gehen sie erneut aufeinander zu und aneinander vorbei, dabei dürfen sich die Mädchen aber nicht abwenden. Wieder beschreiben alle, was sie wahrgenommen haben und wie sie sich gefühlt haben: Typisch sind bei dieser Übung Äußerungen wie „Das war komisch!", „Die Mädchen wirken auf einmal aggressiv!", „Ich habe mich stark gefühlt!", „Das war aufregend!", „Das war ganz anders als sonst.".

39 Im Fall des MSO bestand die Projektgruppe ausschließlich aus Schülerinnen. Daher wurden zeitweise Teilnehmer aus anderen Projekten hinzugeholt.

Übung 2

- Zwei freiwillige Jungen gehen aufeinander zu und aneinander vorbei. Die anderen sollen beobachten.
- Anschließend wird die gleiche Übung von zwei Mädchen ausgeführt. Als Unterschiede werden typischerweise Aussagen genannt wie: „Die Mädchen haben gelächelt." „Die Jungen haben sich in die Augen gestarrt."
- Nun läuft eine Freiwillige an einem Freiwilligen vorbei und die anderen äußern wieder ihre Beobachtungen, wie beispielsweise: „Das Mädchen guckt schnell auf den Boden." „Der Junge geht einfach gerade weiter, das Mädchen weicht aus."
- Die Lehrkraft lässt nun die Jungen schätzen, wann ein Mädchen / eine Frau beginnt, den Weg des Jungen/Mannes vorauszudenken, um ihm ausweichen zu können. Die Jungen sollen sich in dieser Entfernung von dem Mädchen aufstellen: Alle liegen mit ihrer Einschätzung viel zu kurz.

Übung 3

- Als dritte Übung sollen sich alle ganz entspannt auf einen Stuhl setzen.
  Im Vergleich von Jungen und Mädchen wird deutlich, dass Jungen in der Regel mehr Raum einnehmen, auf dem Stuhl „lümmeln" und eher breitbeinig sitzen, während Mädchen tendenziell gerader sitzen und oftmals die Beine übereinanderschlagen.
- Um die Atmosphäre weiterhin locker zu halten, sollen sich alle so hinsetzen, wie allgemein angenommen wird, dass entspannte Männer/Jungen so in der letzten Reihe eines Busses sitzen würden.
  Die Lehrkraft stellt die Frage, was mit der Position ausgedrückt werden könnte. Typische Antworten beschreiben einen „männlichen" Überlegenheitsanspruch mit Formulierungen wie beispielsweise: „Die tun so, als ob sie mehr wert wären." „Die tun so, als seien sie die Größten."
- Abschließend eröffnet die Lehrkraft eine kurze Diskussionsrunde. Alle können sich äußern, indem sie den Satz beginnen mit: „Vor einer halben Stunde wusste ich noch nicht, ...". Dabei wird deutlich, dass die Empathie der Schüler_innen gefördert wurde:
  - „..., dass es so anstrengend ist, als Mädchen durch die Fußgängerzone zu laufen."
  - „..., wie wenig Gedanken sich Jungs beim Laufen machen müssen."
  - „..., dass diese Projektgruppe so viel mit realem Leben zu tun hat."
  - „..., wie viel wir jeden Tag automatisch mit unseren Gesten machen."
  - „..., dass wir Frauen uns wirklich fast automatisch wegdrehen und kleiner machen."

Bevor die Jungen/Männer nun wieder in ihre Gruppen zurückkehren können, ist es wichtig darauf zu achten, dass sie kein schlechtes Gewissen haben oder ihnen eines gemacht wurde. Deshalb soll ausdrücklich darauf hingewiesen werden, dass es einzig um eine Bestandsaufnahme geht und niemand Schuld trägt oder beschuldigt werden kann.

4. Gruppendiskussion zu Alltagserfahrungen

Da durch die Übungen eine neue Perspektive erschlossen wurde, eignet sich nun eine Gruppenarbeit, in der die Teilnehmenden nach weiteren Beispielen suchen, die sie erleben.

In einer anschließenden Diskussion im Plenum bringen sich die Teilnehmenden auf ein gemeinsames Niveau.

An der MSO war es erstaunlich zu sehen, wie gerade Schülerinnen erst im Verlauf der Projektwoche Verhaltensweisen im Alltag unterschiedlich bewerteten und zunehmend weitere Erfahrungen rekapitulierten, die sie durch den dekonstruktivistischen Ansatz kritisch hinterfragten.

- „Wir müssen immer die Plakate schreiben und die Jungs stellen sie vor!"
- „Frauen müssen immer auf die Kinder aufpassen, Männer gehen arbeiten."
- „Wenn ich mit zwei Jungs auf einer Party knutsche, bin ich 'ne Schlampe. Wenn mein Ex das macht, ist er voll der Held."

Der erste Tag endet mit einem Ausblick auf den folgenden Tag und der Abfrage, ob weitere Inhalte gewünscht werden.

Tag 2:
„Was macht Gender an unserer Schule?"

An diesem Tag soll es darum gehen, die Auswirkungen von „Gender" in der Schule zu beobachten. Nach einer kurzen Begrüßungsphase wird das am Vortag erworbene Wissen grafisch unterstützt besprochen, indem im Netz verfügbare Schaubilder wie „Das Gender Unicorn" und „The Genderbread Person" miteinander verglichen werden.

Die Schüler_innen sollen beurteilen, mit welchem Plakat sie einer 7. Klasse den Begriff „Gender" besser erklären könnten. Durch diese Aufgabe werden bereits besprochene Begriffe, Sachverhalte und Kontexte stärker verankert und eine erste Annäherung an die Vorstellung, Erarbeitetes auf dem Präsentationsabend darzubieten und zu vermitteln, wird initiiert.

1. Besprechung eines Ausschnitts des Films „Kein Mann für leichte Stunden"

(Netflix, 2018, ab 12 Jahren)
In dieser Komödie verliert der Protagonist durch einen Unfall sein Bewusstsein. Als er wieder erwacht, ist alles vertauscht. Plötzlich ist er, der chauvinistische Frauenheld, selbst das Objekt täglicher Begierde und Anzüglichkeiten und die Frauen benehmen sich genauso, wie er es vor dem Unfall getan hat: chauvinistisch und anzüglich.

Der Film beleuchtet auf sympathische und humorvolle Art und Weise gängige Genderklischees. Daher eignet er sich gut für eine ausschnittsweise Besprechung. Die Schüler_innen sagen in der anschließenden Diskussion, …

a. ob sie ähnliche Situationen schon mal erlebt/beobachtet haben.
b. ob die Darstellung im Film übertrieben war.
c. ob sie diesen Film ihren Eltern empfehlen würden.

Durch den Filmausschnitt und die Diskussion begreifen die Schüler_innen, dass das Thema „Gender" nicht neu ist und man sich auf unterschiedlichste Art mit dem Thema auseinandersetzen kann. Sie beurteilen komödiantische Stile aufgrund ihrer eigenen Empfindungen und erfahren, dass das Thema auch individuell unterschiedlich berührt.

2. Medienaustausch unter den Schüler_innen

Die Schüler_innen sind selbst auch immer Expert_innen. Es ist wichtig, ihnen den Platz zum Austausch zu geben. Gerade wenn ein Smartboard oder eine elektronische Tafel zur Verfügung steht, bietet es sich an, direkt in medias res zu gehen und weitere Beispiele abzuspielen und zu diskutieren. Dies kann auch immer wieder als Einstieg nach einer Pause genutzt werden.

In der an der MSO durchgeführten Projektwoche wurden Musikvideos (z. B.: „An Wunder" – Wincent Weiss), Youtube-Videos (z. B.:

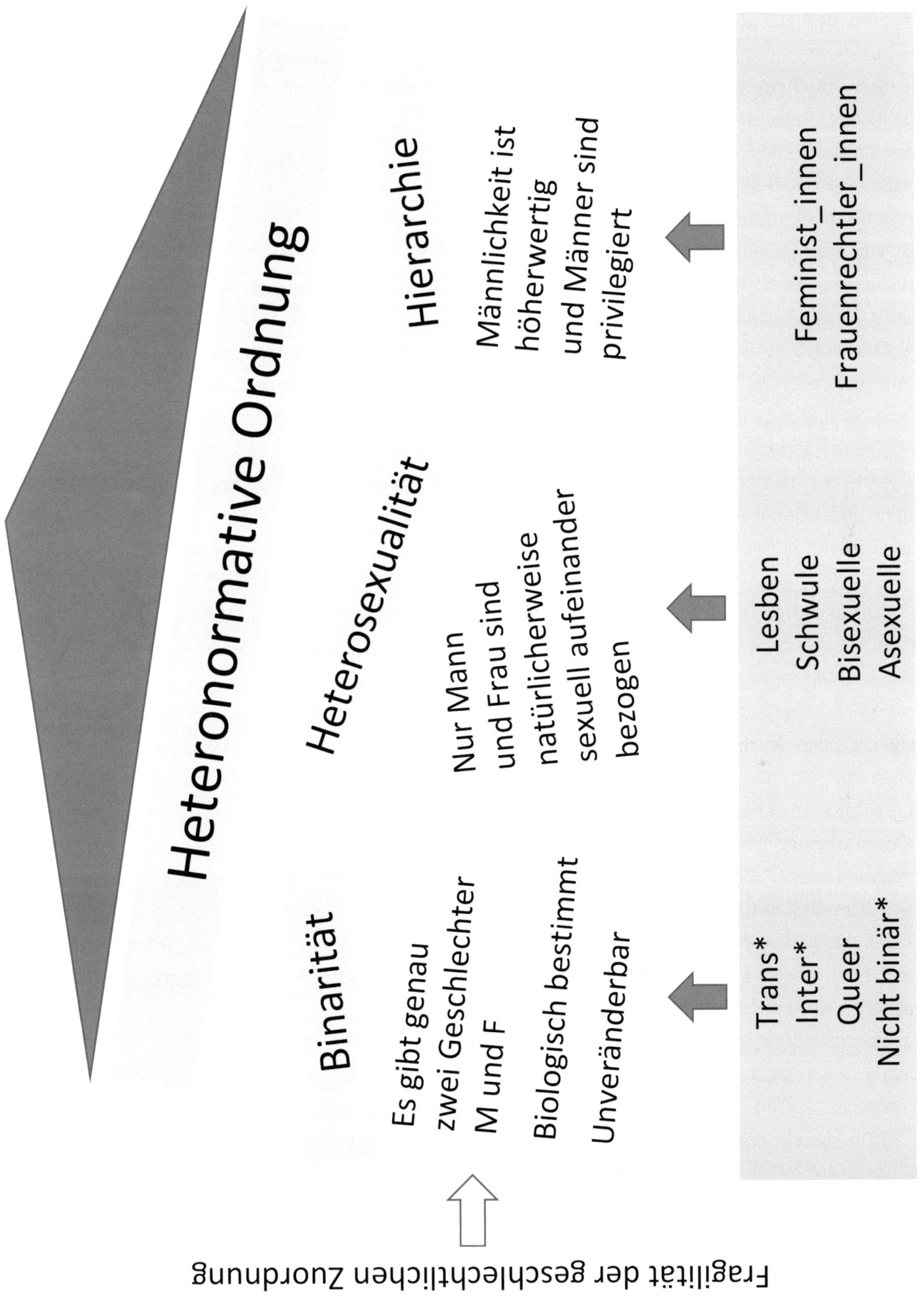
Heteronormative Ordnung
Binarität
Es gibt genau zwei Geschlechter M und F
Biologisch bestimmt
Unveränderbar
Heterosexualität
Nur Mann und Frau sind natürlicherweise sexuell aufeinander bezogen
Hierarchie
Männlichkeit ist höherwertig und Männer sind privilegiert
Trans*
Inter*
Queer
Nicht binär*
Lesben
Schwule
Bisexuelle
Asexuelle
Feminist_innen
Frauenrechtler_innen
Fragilität der geschlechtlichen Zuordnung

„Gender was? Wie sieht es mit der Gleichberechtigung in Deutschland aus?" von der Sächsischen Landeszentrale für politische Bildung) und #MeToo-Beiträge besprochen und diskutiert.

3. Schulbuchcheck

Nach der Besprechung und Beurteilung der Medien auf Netflix und Youtube ist die Beurteilung der Medien an der Reihe, die in der Schule am präsentesten sind: Schulbücher. Die Schüler_innen beurteilen in Arbeitsgruppen Schulbücher unterschiedlicher Fächer: Deutsch, Mathematik, Englisch, Biologie, Politik und Physik.

Das Ergebnis an der MSO war: Es wurden keine gegenderten Texte in Büchern gefunden. Viele Abbildungen seien rein männlich oder repräsentierten keine Vielfalt. Selbst im Politikbuch seien es immer Frauen, die mit einem Putzeimer und Lappen in der Hand dargestellt würden, Männer putzten ausschließlich ihre Autos.

4. Alltag in der Schule

Nach der Filmbesprechung, dem Medienaustausch und damit der generellen Perspektive von „Gender equality" rückt jetzt die Schule selbst in den Mittelpunkt. Die Schüler_innen sollen auf folgende Aussage reagieren: „Gleichberechtigung? Bei uns kein Problem. An unserer Schule werden Mädchen und Jungen immer gleichbehandelt." Per Think-Pair-Share-Methode werden Ergebnisse gesammelt.

An der MSO war gut erkennbar, was sich bei den Schülerinnen inzwischen gedanklich getan hatte. Es wurden bedeutend mehr Beispiele als am Vortag zur Diskussion gestellt. Die meisten hatten einen starken Bezug zur Schule:

- Jungen hauen Mädchen in der 6. Klasse grundlos auf den Po. Wenn einem Mädchen nicht auf den Po gehauen wird, ist sie nicht beliebt. So wird auch den Mädchen, die gar nicht möchten, dass man sie auf den Po haut, ein Mittel der Reaktion genommen: Wenn sie sich beschweren würden, könnten sie sehr schnell an Beliebtheit einbüßen.
- Jungen machen Listen über Mädchen in der 8. Klasse – nach „Schönheit". Diese werden in der Pause laut vorgelesen. Als die Mädchen sich beschweren, wird ihnen von unterschiedlichen Seiten erklärt, dass „das normal sei, weil die Jungs nicht anders ihre Zuneigung äußern können".
- Mädchen, die gut in Mathematik sind, müssen das vor den Jungen verstecken, weil sie sonst „zu schlau" sind.
- Lehrkräfte benutzen Formulierungen wie „Ich brauche mal vier starke Jungs zum Tragen"– Mädchen werden für schwach erklärt.
- Mädchen werden in der Bibliothek mit einem Handy gefilmt. Die Mädchen wehren sich. Die betreffenden Jungen machen sich darüber bis heute lustig.
- Jungen stellen sich in der Pause neben Mädchen aus ihrer Stufe und reden laut und offensiv über den Kleidungsstil und das Aussehen des anwesenden Mädchens.
- Jungen, die rosa Pullover tragen, werden ausgeschlossen oder müssen sich „besonders männlich" verhalten.

Die Schüler_innen der MSO fragten immer wieder nach, ob sie nicht zu „übersensibel" seien und ob sie das Beispiel wirklich erzählen dürften. Es wurde deutlich, dass durch den ersten Tag viele Denkmuster neu gelegt wurden und nun besprochen werden mussten. Die Schüler_innen erzählten auch, dass sie seit Beginn der Projektwoche „Feminazis" genannt würden.

5. Arbeitsgruppen zur Präsentation der Ergebnisse

Schnell stand an der MSO fest, dass die Gruppe die Ergebnisse zweiteilen wollte. Die generellen Ergebnisse (Was ist Gender? Wo begegnet es uns in der Schule? Wo begegnet es uns im Alltag?) sollten auf dem Präsentationsabend mithilfe von Plakaten, einer „Erlebnisstation", einem Quiz und einer „Selbstauskunftsgrafik" gezeigt werden. Die schulspezifischen Erfahrungen sollten auf einer Lehrer_innenkonferenz präsentiert werden.

- Erlebnisstation: Die Schüler_innen trennen einen kleinen Bereich des Klassenraumes ab, der zur Präsentation genutzt wird, und machen die Empathieübungen mit den Besucher_innen.
- Selbstauskunftsgrafik: In dieser Grafik können alle Besucher_innen mit einem Klebepunkt markieren, wie weiblich/männlich sie sich fühlen und ob sie schon mal Diskriminierung erfahren haben.

Beispiel einer Projektpräsentation

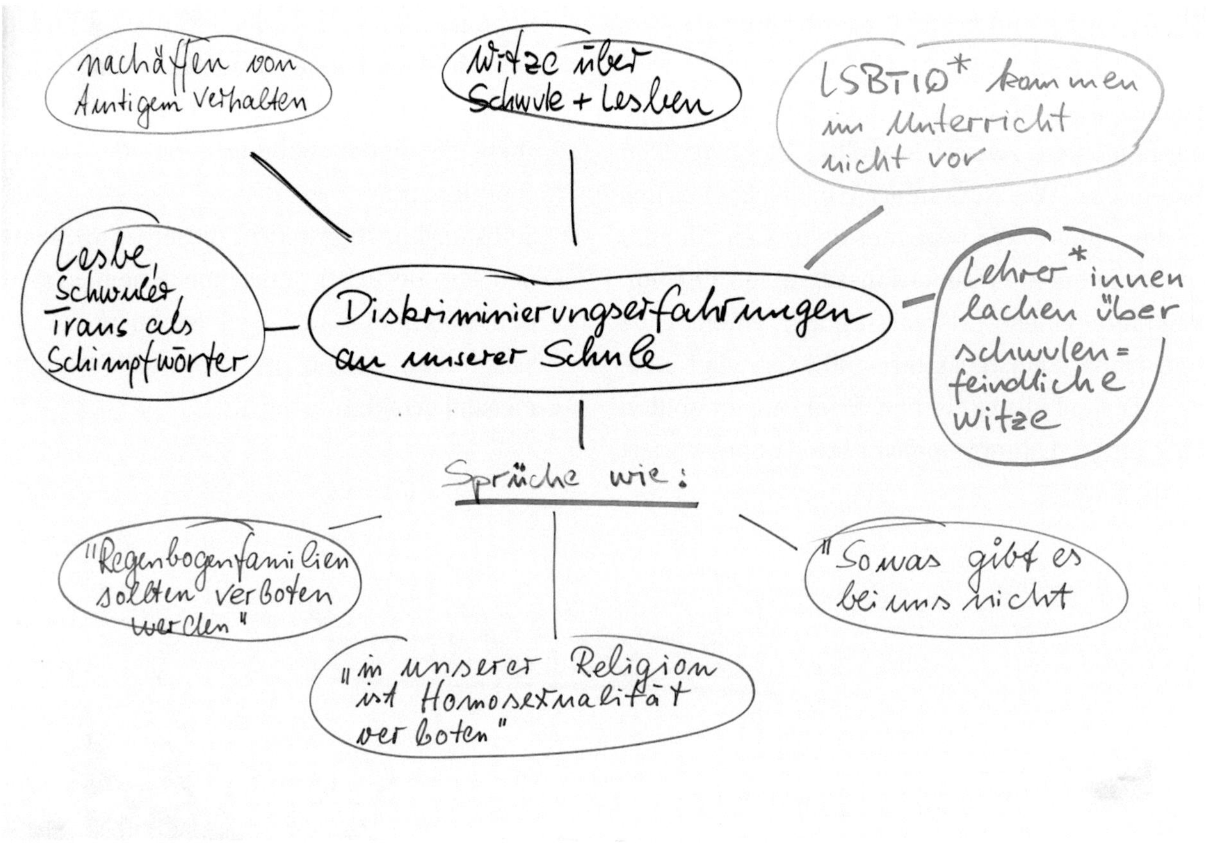

Beispiel einer Projektpräsentation

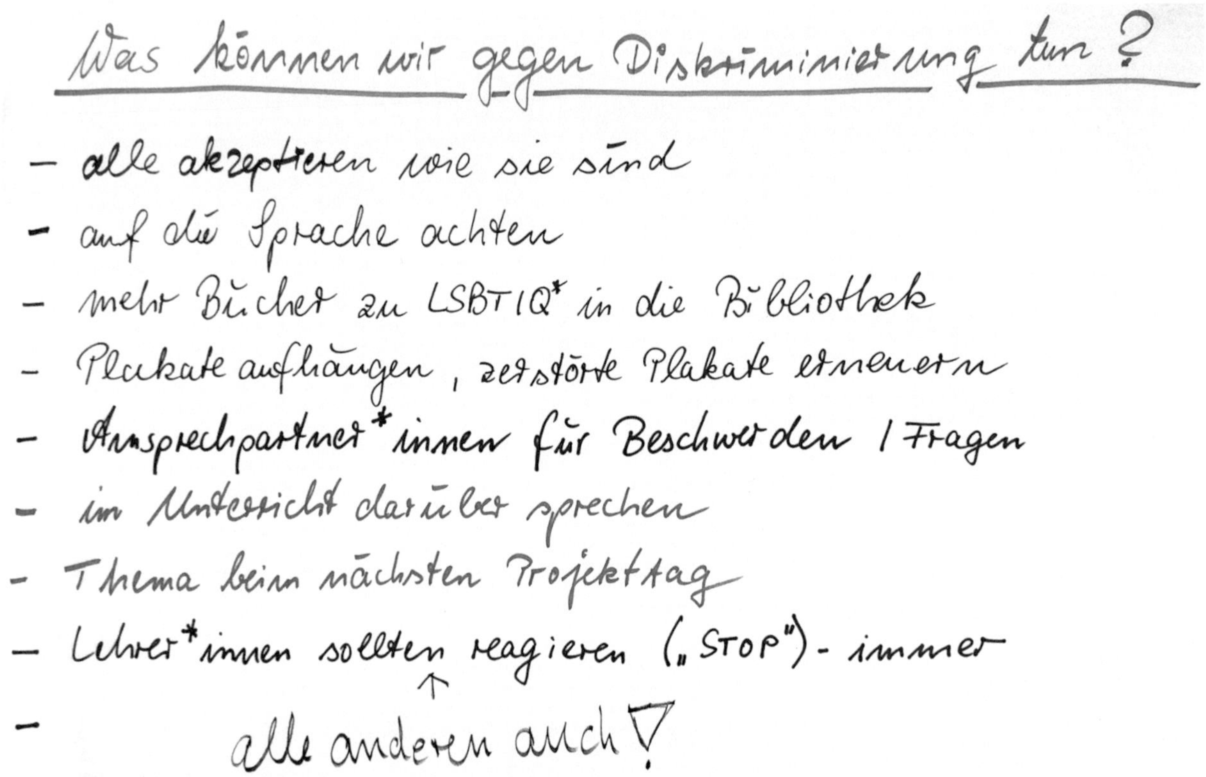

Beispiel einer Projektpräsentation

Tag 3:
Vorbereitung der Präsentation

1. **Einstieg in den Tag** mit kurzer Diskussion über den Kino-Trailer zum Film „Letztendlich sind wir dem Universum egal" (Mai 2018). Dieser Film beleuchtet das Thema „Gender" auf eine andere Weise. Die Protagonistin verliebt sich in eine Person, die jeden Tag im Körper eines anderen Menschen aufwacht. Woran erkennt man Liebe? Verlieben wir uns in den Körper, in den Geist oder in beides?

   Hier soll keine Antwort gefunden werden. Eher soll darauf aufmerksam gemacht werden, dass in vielen Themen „Gender" ein zentraler und wichtiger Bestandteil ist.

2. **Vorbereitung des Präsentationsabends**
   Alle Teilnehmenden bereiten ihren Fähigkeiten und Neigungen entsprechend die besprochenen (oder von der Gruppe selbst gewählten) Stationen vor.

   Es ist sehr nützlich, als Lehrkraft darauf zu achten, dass die Schüler_innen auch Zeit dafür haben, die Präsentation zu üben.

   In der beschriebenen Projektwoche hat die Lehrkraft sich als unterschiedlich motivierter Besucher gegeben und (unter viel Gelächter und in guter Atmosphäre) qualitativ voneinander abweichende Fragen gestellt. Das Ziel dabei war es, die Teilnehmenden auch auf kritische oder ahnungslose Fragen vorzubereiten und Schlagfertigkeit und Geduld herauszufordern. Vor allen Dingen sollte allen Schüler_innen klar sein, welche Aufgaben sie im Rahmen der Präsentation übernehmen.

Zusammenfassend lässt sich feststellen: Die Gruppe „Time's up! – Gender equality now!" wurde für ihren Einsatz und ihre Ergebnisse sehr gelobt. Am Präsentationsnachmittag haben sich über 250 Eltern, Kolleg_innen und andere Schüler_innen den Klassenraum der Projektgruppe angeschaut, die Empathieübungen mitgemacht und sich auf der Selbstauskunftsgrafik eingetragen. Die Schüler_innen der Projektgruppe wurden in die Lehrer_innenkonferenz eingeladen, damit die Ergebnisse auch im Schulprogramm eine Wiedererkennung erleben. Eine Projektgruppe aus Eltern, Lehrer_innen und Schüler_innen ist geplant.

14 Beispiele für Materialien

Die Auswahl folgender Literatur- und Filmbeispiele ist als Anregung gedacht, das Repertoire der Lehrkraft wie auch die Biblio- oder Mediathek einer Schule um Bücher und Filme zu erweitern. Ihr Einsatz im Unterricht und die Präsenz in der Schule machen Diversität sichtbar. Inwieweit das jeweilige Medium für den konkreten Kontext der Lerngruppe geeignet ist, überprüft die Lehrkraft mittels ihrer didaktischen Analyse als Teil der Unterrichtsvorbereitung.

14.1 Literatur und Filme für die Arbeit mit Schüler_innen

14.1.1 Literatur

Braig, Maria: Nennen wir sie Eugenie
(überarbeitete Neuauflage 2018, Originalausgabe 2014, Altersgruppe: ab 13 Jahren)

Welche Besonderheiten gibt es für Queer Refugees? In Mara Braigs Roman, der auf einer wahren Geschichte beruht, geht es um eine junge Frau, die aus dem Senegal flieht, denn in ihrer Heimat wird ihre Liebe zu einer anderen Frau nicht geduldet. Stattdessen soll sie mit einem Mann zwangsverheiratet werden. Neben der eindrücklichen Schilderung der belastenden Lebensbedingungen von Geflüchteten bietet das Buch auch einen Informationsteil zum Asylverfahren sowie Unterrichtsmaterialien zum Buch.
Genauso wie Lutz van Dijk (s.u.) bietet Maria Braig Schulen auch Lesungen an.

Dijk, Lutz van: Verdammt starke Liebe
(Neuauflage 2015, Altersgruppe: ab 14 Jahren)

Mit der „wahren Geschichte von Stefan K." erzählt Lutz von Dijk über einen polnischen Jugendlichen, der zwei Jahre nach dem Überfall Deutschlands auf Polen Willi kennenlernt, einen jungen deutschen Soldaten. Für Stefan und Willi ist es Liebe auf den ersten Blick – doch Liebe zwischen Männern verfolgen die Nazis streng. Trotz der ungeheuren Gefahr, die eine Beziehung für beide bedeutet, gehen sie das Wagnis ein.
Für seine Lebensgeschichte stand Stefan K., Jahrgang 1925, dem Autor immer wieder für Rückfragen zur Verfügung. Die Neuausgabe wurde u. a. um eine Zeittafel zur Geschichte der Homosexuellenverfolgung ergänzt. Im Jahre 1992 wurde die Erstausgabe dieses berührenden Klassikers mit dem Hans-im-Glück-Preis ausgezeichnet (vgl. den Klappentext des Querverlags).

Fehér, Christine: Weil ich so bin
(2016, Altersgruppe: ab 14 Jahren)

Ist Jona ein Junge oder ein Mädchen? Jona wurde mit beiden Geschlechtsmerkmalen geboren und die Eltern lassen ihr Kind unversehrt so aufwachsen, wie es ist. In der Pubertät wird es schwierig. Jona/Joana wirkt jetzt mehr wie ein Junge. Da er auch weiterhin seine weibliche Seite zeigt, wird der Mensch Jona in der Schule einerseits angefeindet, andererseits aber auch bewundert.

Fessel, Karen-Susan: Steingesicht
(Neuauflage 2012, Altersgruppe: 13–16 Jahre)

Leontine, genannt Leo, hat es von der lebendigen Metropole Berlin in ein „langweiliges Kaff aufs Land“ (Braunschweig) verschlagen. Bei ihrer Tante Wanda, die sie „Steingesicht“ nennt, erlebt sie kindische Klassenkameraden und die erste Liebe. Das Buch wurde 2001 u. a. mit dem Zürcher Kinderbuchpreis „La vache qui lit“ ausgezeichnet.

Freytag, Anne:
Den Mund voll ungesagter Dinge
(2017, Altersgruppe: ab 15 Jahren)

Die 17-jährige Sophie, ein Mädchen, das sich selbst finden muss, erzählt ihre eigene Geschichte. Wenn es nach ihr gegangen wäre, wäre sie zum Beispiel nicht mit ihrem Vater zu seiner neuen Freundin und deren Familie nach München gezogen. Dort muss sie die Antwort auf die Frage finden „Wer bin ich?“. Beginnend mit der skeptischen Frage „Warum reden alle immer von Liebe?“ wird aus ihrer Erzählung auch ihre eigene Liebesgeschichte. Das Buch wurde 2018 für den Deutschen Jugendliteraturpreis nominiert.

Ngcowa, Sonwabiso: Nanas Liebe
(im Original: In Search Of Happiness, 2014, Altersgruppe: ab 15 Jahren)

Vor dem Hintergrund einer wahren Begebenheit erzählt Sonwabiso Ngcowa die berührende Geschichte des lesbischen Mädchens Nana. Nana wächst auf dem Land in ärmlichen Verhältnissen umsorgt von der geliebten Großmutter auf. Als diese in finanzielle Not gerät, muss die 14-jährige zu ihren Eltern ziehen, die am Rande von Kapstadt im Township Masi leben.
Als Nana sich in ein Mädchen aus der Nachbarschaft verliebt, beginnt sie nach und nach zu sich selbst zu stehen. Obwohl das Recht auf sexuelle Selbstbestimmung in Südafrika im Gesetz verankert ist, schildert Sonwabiso Ngcowa am Beispiel von Nana und ihrer Freundin Agnes die aggressive sexistische Stimmung, auch mit eindrücklichen Gewaltschilderungen in der Geschichte. Zur englischsprachigen Originalausgabe, „In Search of Happiness“, bietet der Autor Lesungen an (vgl. den Verlagstext des Peter Hammer Verlags).

Pohl, Frank G.:
Bist du schwul, oder was?
(veränderte Neuauflage 2015, Originalausgabe 2008, Altersgruppe: 12–16 Jahre)

Die Hauptfigur in diesem kurzen Jugendbuch über Freundschaft und Liebe ist Basti. Er ist Rapper, der mit seinem Freund Ferhat an einer Kölner Schule bekannt und beliebt ist. Nach einer Mitschülerbeleidigung muss Basti sich mit seiner Männlichkeit, Fragen nach Homosexualität bis zu den kulturellen Vorstellungen von türkischen Migrant_innen und häufigen traditionellen Geschlechterrollen im Hip-Hop auseinandersetzen. Zum Buch gibt es auch Unterrichtsmaterialien.

Steinhöfel, Andreas: Die Mitte der Welt
(Originalausgabe 1998, Neuauflage 2018 mit einem aktualisierten Nachwort des Autors, Altersgruppe: ab 15 Jahren)

Das alte Haus, in dem der 17-jährige Phil aufwächst, ist seine Mitte der Welt. Im Zentrum der Geschichte steht zunehmend Phils Liebe zu seinem Mitschüler Nicholas, aber auch ein Geheimnis aus der Vergangenheit, das das Verhältnis zwischen seiner Zwillingsschwester Dianne und seiner Mutter Glass zerrüttet hat. Der Coming-of-Age-Roman von Andreas Steinhöfel über die Absurditäten des alltäglichen Lebens ist seit seinem Erscheinen 1998 zum Bestseller avanciert. Benutzte Klischees und Stereotype regen im Unterricht zur Thematisierung von Sexismus und Homophobie an.

14.1.2 Filme

Beautiful Thing
(GB 1996, FSK 12, Altersgruppe: ab 12 Jahren)

Der Coming-out-Film spielt in einer Hochhaussiedlung im Südosten Londons. Im Mittelpunkt steht der nicht geoutete Jamie und die Homophobie, die er an seiner Schule erfährt. Er wohnt zusammen mit seiner alleinerziehenden Mutter Sandra, die zunächst nichts von den Schikanen an der Schule erfährt. Als Ste eines Abends schon wieder von seinem Bruder und dem alkoholabhängigen Vater brutal zusammengeschlagen wird, nimmt sich Sandra seiner an und gewährt ihm Unterschlupf. Einerseits Milieustudie, ist der Film andererseits ein romantischer Klassiker über schwule Teenager in den 1990er-Jahren.

Billy Elliot – I Will Dance
(GB 2000, FSK 6, Altersgruppe: ab 8 Jahren)

Welche gesellschaftlich geprägten Erwartungen der Familie müssen Kinder erfüllen? Sind Jungen, die tanzen, schwul? Das Setting dieses virtuosen Films über Geschlechternormen ist der Bergarbeiterstreik 1984/1985 in Nordengland, als Kohleminen von Schließungen bedroht sind. Auch die Arbeiterfamilie Elliot ist davon betroffen. Billy Elliot lernt seinem Vater Jackie zuliebe boxen, damit er sich auch im wahren Leben durchschlagen kann. Billy fühlt sich dabei allerdings sichtlich unwohl. Zufällig gerät er in die Ballettstunde von Mrs. Wilkinson, die vorübergehend in der gleichen Halle mit ihrer Mädchengruppe übt. Hier merkt er schnell, dass ihm das Tanzen viel besser gefällt. Als Billys Vater erfährt, dass Billy schon seit geraumer Zeit nicht mehr zum Boxunterricht geht, führt dies zu Konflikten innerhalb der Familie. Wie Billy Elliot es schafft, seinem Traum treu zu bleiben, verleiht der Geschichte ihre Stärke.

Hitlerjunge Salomon
(D/P/F 1990, FSK 12, Altersgruppe: ab 15 Jahren)

Einen intersektionalen Zugang ermöglicht der viel diskutierte Film „Hitlerjunge Salomon" nach der autorisierten Autobiografie von Sally Perel. Der jüdische Junge entkam dem Holocaust in der Uniform der Nazis und überlebte als Hitlerjunge. Im Film überzeugen v. a. die antisemitisch-rassistischen Sequenzen wie auch die zeithistorische Problematisierung von Homosexualität. Der Film knüpft an noch heute bestehende Vorurteile an, gibt den Auswirkungen gruppenbezogener Menschenfeindlichkeit als Teil der Konzeption der nationalsozialistischen Ideologie ein Gesicht und thematisiert personifiziert ihre Folgen: Krieg, Flucht und rassistische Vertreibung.

Kick it like Beckham
(GB 2002, FSK 6, Altersgruppe: ab 9 Jahren)

Jesminder Bhamra, kurz „Jess", lebt mit ihrer indischstämmigen Familie in London-Hounslow. Gegen den Willen ihrer Eltern spielt sie Fußball. Das den Film tragende Lebensgefühl „Lebe deinen Traum" zeigt entstehende Konflikte zwischen Tochter und Eltern. Insbesondere ihre Mutter erwartet, dass Jess sich darum kümmert, die traditionelle indische Küche zu erlernen und andere Rollenerwartungen zu erfüllen. Der Klassiker zu Geschlechtsrollenverhalten – als Pendant zu „Billy Elliot" – thematisiert gleichzeitig latenten Rassismus und die Rivalität im Sport.

Love, Simon
(USA 2018, FSK 0, Altersgruppe: ab 9 Jahren)

Ein typischer Feelgood-Movie über den Teenager Simon Spier, der an der Creekwood High School in einem Vorort von Atlanta, Georgia zur Schule geht, und der nach eigener Beschreibung ein komplett normales Leben führt. Niemand weiß jedoch, dass er schwul ist. „Love, Simon" ist der erste Hollywood-Studiofilm mit einem homosexuellen Teenager als Hauptfigur. Bei den MTV-Movie Awards 2018 gewann der Film den Preis in der Kategorie „Best Kiss".

Raus aus Åmål
(S 1998, FSK 12, Altersgruppe: ab 14 Jahren)

Dieser ermutigende Coming-of-Age-Film handelt von der 16-jährigen Agnes in der schwedischen Kleinstadt Åmål: Während Elin in der Schule das beliebte Mädchen ist, ist Agnes nach dem Umzug in den neuen Ort eine Außenseiterin geblieben. Elin entwickelt Zuneigung für Agnes. Doch sie verdrängt die Möglichkeit ihrer eigenen Homosexualität und bandelt stattdessen zunächst mit dem schüchternen Johan an. Der Film wurde wegen seiner sensiblen Geschichte und dabei unverkrampften wie amüsanten Darstellung mehrfach ausgezeichnet.

14.2 Gestaltung von Projekten und einzelnen Unterrichtseinheiten

Die Durchführung von Projekten und einzelnen Unterrichtseinheiten zu geschlechtlicher und sexueller Vielfalt ist wichtig. Es wird jedoch ausdrücklich darauf hingewiesen, dass eine punktuelle Behandlung der Thematik im Unterricht oder in Einzelprojekten nicht ausreicht. (vgl. Kap. 6). Alle Materialien sind frei verfügbar und jeweils auf der Homepage der herausgebenden Stelle abrufbar.

Bundeszentrale für politische Bildung: Sexualitäten, Geschlechter und Identitäten (2018)
In diesem Band geht es um die vielfältigen gesellschaftspolitischen Dimensionen rechtlicher und sozialer Anerkennung von Sexualitäten, Geschlechtern und Identitäten. Acht Bausteine, die im Unterricht einzeln eingesetzt werden können, beleuchten verschiedene Aspekte, z. B. einen internationalen Vergleich, Geschlechternormen im Sport, Kleiderordnungen und Spielzeugwelten, Repräsentation in

Film und Musik, Verfolgung und „Diskriminierung von Homo- und Transsexualität in der Geschichte".
Außerdem hat die Bundeszentrale für politische Bildung für Lehrkräfte unter dem Stichwort „Homosexuelle und die Bundesrepublik Deutschland" historisches Hintergrundwissen zu Homosexualität in der Bundesrepublik Deutschland (und der DDR) in ihrem Deutschlandarchiv zusammengestellt.

GEW Baden-Württemberg: „Lesbisch, schwul, trans, hetero – Lebensweisen als Thema für die Schule" (2017)
Die Neuauflage der vielseitigen Broschüre enthält u. a. den „Heterosexuellen Fragebogen". Nachdem dieser 2014 öffentlich breiter diskutiert wurde, wurde eine didaktische Ergänzung eingefügt, die auch für Nicht-Lehrkräfte verdeutlicht, dass durch die Umkehrung karikiert wird, mit welchen Fragen und Unterstellungen Homosexuelle oft konfrontiert sind. Die Leitperspektiven einer Bildung für Akzeptanz und Toleranz von Vielfalt, die als übergreifende Bildungsziele im Bildungsplan von Baden-Württemberg verankert sind, werden klar hervorgehoben. Unterschiedliche Materialien zeigen auf, wie diese in der schulischen Praxis umgesetzt werden können.

Homo'poly – Erasmus + Project (2016)
Das von der Europäischen Kommission geförderte Projekt Homo'poly stellt seit 2019 Materialien zur Verfügung, die an Schulen in acht verschiedenen Ländern erprobt wurden. In einer begleitenden Untersuchung durch die Katholieke Universiteit Leuven (Prof. Kristof De Witte) wurde deren Wirksamkeit geprüft. Neben klassischen Methoden wie „Debatte im Klassenraum" und „Platzdeckchen" (hier mit einem Beispiel zu „Toleranz") werden auch spielerische Methoden wie „Game of Life" vorgestellt.

Planet Wissen: Intersexualität – Was bestimmt unser Geschlecht? (2019)
„Planet Schule", das Schulfernsehen von SWR und WDR, greift die Diskussionen um die „Dritte Option" auf. Auf der Website zu dieser Episode von „Planet Wissen" finden sich – neben dem Schwerpunkt Intersexualität – auch Links zu anderen Themen von geschlechtlicher und sexueller Vielfalt.

Schule der Vielfalt: Unterrichts- und Projektbeispiele für Respekt und mehr Akzeptanz (2018)
Der Aufbau der Materialien der Landessektion NRW von „Schule der Vielfalt" beginnt mit der Vorstellung von beispielhaften Unterrichtsstunden in den Fächern Englisch und Geschichte. Daran schließen sich Projektbausteine zu Themen wie „Umgang mit Vorurteilen", „Junge oder Mädchen??!" oder zu Regenbogenfamilien an. Die Broschüre schließt mit einer intersektionalen Zusammenführung. Die Reihung lässt sich durchaus umkehren: Möchte die Lehrkraft deduktiv vorgehen und den Schüler_innen zunächst die Heterogenitätsdimensionen aufzeigen, dann ist ein beginnender Einsatz des abschließenden Materials mit dem Titel „Intersektionalität: Deniz" ebenfalls denkbar.

15 Anlaufstellen und Beratung – eine Auswahl

Bundesweit

Antidiskriminierungsstelle des Bundes
AG LSBTI der Bildungsgewerkschaft GEW
BEFAH: Bündnis für Eltern, Freunde und Angehörige von Homosexuellen
BiNe – Bisexuelles Netzwerk Deutschland e. V.
Broken Rainbow (Verein für LSBT*IQ Gewaltprävention und Antidiskriminierung)
Bundesnetzwerk „Schule der Vielfalt"
Bundesverband der Frauenberatungsstellen (Frauen gegen Gewalt)
Bundesverband Queere Bildung e. V.
Bundesvereinigung Trans* (BV Trans*)
Dissens – Bildung und Beratung
Intersexuelle Menschen Bundesverband
Lesben- und Schwulenverband (LSVD)
Ökumenische Arbeitsgruppe Homosexuelle und Kirche (HuK)
Portal für junge trans*, inter* und genderqueere Menschen (MeinGeschlecht)
Portal für Schutzkonzepte (Schule gegen sexuelle Gewalt)
Regenbogenportal – Wissensnetz zu gleichgeschlechtlichen Lebensweisen und geschlechtlicher Vielfalt (Onlineportal des Bundesfamilienministeriums)
TRAKINE / Trans-Kinder-Netz (Eltern-/Schulberatung)

Baden-Württemberg

Netzwerk LSBTTIQ – Landesnetzwerk Baden-Württemberg (mit Beratungsverweisen)

Regionale/lokale Bildungs- und Aufklärungsworkshops für Schulklassen

Aufklärungsprojekt der IHS (Stuttgart)
FLUSS e. V. (Freiburg)
PLUS – Psychologische Lesben- und Schwulenberatung Rhein-Neckar (Mannheim)

Bayern

Jugendnetzwerk Lambda Bayern (mit Verweisen)

Fachberatung

Fliederlich e. V. – SchwuLesbisches Zentrum Nürnberg
LeTRa – Beratungsstelle und Lesbentelefon (München)
RESI – Regensburger Schwulen- und Lesbeninitiative
SUB – Schwules Zentrum und Beratung (München)
Trans* Inter* Beratungsstelle (München)
WuF-Zentrum – Schwulesbisches Zentrum Würzburg

Regionale/lokale Bildungs- und Aufklärungsworkshops für Schulklassen

Ach, so ist das?! (achsoistdas, Nürnberg)
Aufklärungsprojekt München
DéjàWü, Schulprojekt im WuF-Zentrum
diversity münchen (u. a. Jugendzentrum)

Berlin

Fachberatung

Bildungsinitiative QUEERFORMAT/KomBi (Fachstelle queere Bildung des Landes Berlin)
Gladt – Organisation von Schwarzen und of Color LSBTQ und solchen mit Migrationsgeschichte
SHG – Trans-Identität Selbsthilfegruppe (ivtf)
Transinterqueer e. V. – Beratung/Bildungsarbeit

Psychosoziale Beratungsstellen

BIG-Berlin (bei häuslicher Gewalt / mit Beratungsverweisen)
Lesbenberatung Berlin
MANN-O-METER (Beratungszentrum für Schwule)
Queeres Jugendzentrum Berlin (Prenzlauer Berg)

Unterstützung für Jungen und junge Männer (Hilfe für Jungs)
Wildwasser Berlin – Arbeitsgemeinschaft gegen sexuellen Missbrauch an Mädchen

Bildungs- und Aufklärungsworkshops für Schulklassen
ABqueer (Aufklärung und Beratung vor allem für Jugendliche und junge Erwachsene)
queer@school/Lambda Berlin-Brandenburg (Queer at school)
Schule der Vielfalt – Berlin (Schule-der-Vielfalt-Berlin)

Brandenburg
Rat + Tat / Katte e. V. (Potsdam/Cottbus)

Bildungs- und Aufklärungsworkshops für Schulklassen
Schule unterm Regenbogen / Landesverband AndersARTIG
Jugendnetzwerk Lambda

Bremen
Rat & Tat-Zentrum für queeres Leben in Bremen

Hamburg
Fortbildung
Landesinstitut Hamburg (LI – Hamburg/Vielfalt)
Lesbenverein Intervention Hamburg

Bildungs- und Aufklärungsworkshops für Schulklassen
Soorum / Magnus-Hirschfeld-Centrum (MHC-Hamburg)

Hessen
KUSS41 – Queeres Jugendzentrum Frankfurt

Psychosoziale Beratungsstellen
libs – Lesben Informations- und Beratungsstelle (Frankfurt)
AG 36 – Schwulenberatung im Switchboard (Frankfurt)

Regionale/lokale Bildungs- und Aufklärungsworkshops für Schulklassen
über das Landesnetzwerk von SCHLAU Hessen

Mecklenburg-Vorpommern
un-sichtbar-mv – Netzwerk (vom Verein Lola, mit Beratungsverweisen)

Fachberatung
Klub Einblick – Beratungsstelle der LSBTTI* (Schwerin)
rat + tat – Regenbogenhaus und Beratung Rostock
ROSA-LILA – Initiative und Beratung (Neubrandenburg)

Regionale/lokale Bildungs- und Aufklärungsworkshops für Schulklassen
Bildungsprojekt Qube (Greifswald)

Niedersachsen
Akademie Waldschlösschen (bei Göttingen)
Andersraum – Queeres Zentrum in Hannover
Gender und Schule
Onkel Emma – Queeres Zentrum / VSE (Braunschweig)
Queeres Netzwerk Niedersachsen e. V. (mit Beratungsverweisen): qnn-ev

Regionale/lokale Bildungs- und Aufklärungsworkshops für Schulklassen
über das Landesnetzwerk von SCHLAU Niedersachsen

Nordrhein-Westfalen

Fachberatung

Gender NRW (FUMA) – Fachstelle für geschlechtergerechte und diversitätsreflektierte Kinder- und Jugendhilfe

Landeskoordination der Anti-Gewalt-Arbeit für Lesben, Schwule und Trans* (Vielfalt-statt-Gewalt)

Schule der Vielfalt – NRW-Fachberatungsstelle

Fortbildung für Lehrkräfte (queer-education)

Verweise auf Jugendtreffs – Queere Jugend NRW

Psychosoziale Beratungsstellen

andersROOM (Siegen)

KCM Schwulenzentrum Münster e. V.

LEBEDO – Lesbenberatungsstelle Dortmund

Lebenslust-Beratung / SVLS (Niederrhein/MH)

Rosa Strippe e. V. – Beratung und Café freiRaum (Bochum)

rubicon e. V. – Beratung, Gruppen, Vernetzung (Köln)

Trans*beratung Düsseldorf

Regionale/lokale Bildungs- und Aufklärungsworkshops für Schulklassen

über das Landesnetzwerk von SCHLAU NRW

Rheinland-Pfalz

QueerNet Rheinland-Pfalz e. V. (Verweise unter „Regionen“)

Regionale/lokale Bildungs- und Aufklärungsworkshops für Schulklassen

über das Landesnetzwerk von SCHLAU RLP

Saarland

LSVD Schule / Checkpoint Saarbrücken

Sachsen

Queeres Netzwerk Sachsen

Regionale/lokale Bildungs- und Aufklärungsworkshops für Schulklassen

Liebesleben/„Respekt!“ über Gerede (Dresden)

Rosa Linde Leipzig

Schulprojekt different people e. V. (Chemnitz)

Sachsen-Anhalt

BBZ-Bildungsarbeit (Halle): Lebensart

Come In – Queerer Jugendtreff in Magdeburg (comein-md)

Kompetenzzentrum geschlechtergerechte Kinder- und Jugendhilfe

Queerer Jugendverband Mitteldeutschland (Lambda mdl)

Schleswig-Holstein

HAKI (Kiel)/haki-sh

Jugendverband Lambda-Nord (Lübeck) / nasowas

Präventionsbüro Petze (gemeinnütziges Fortbildungsinstitut) / Petze-Institut für Gewaltprävention

Regionale/lokale Bildungs- und Aufklärungsworkshops für Schulklassen

über das Landesnetzwerk von SCHLAU SH

Thüringen

Netzwerk (mit Beratungsverweisen): diversitythueringen

Regionale/lokale Bildungs- und Aufklärungsworkshops für Schulklassen

Miteinanders – Aufklärung in Schulen (Jena)

Glossar

Asexuell
: Als asexuell bezeichnen sich Menschen, die kein Bedürfnis nach Sexualität mit anderen Menschen haben.

Bisexuell
: Als bisexuell bezeichnen sich Menschen, die sich sowohl zu Männern als auch zu Frauen sexuell und/oder emotional hingezogen fühlen. Die Ablehnung von bisexuellen Menschen wird als Biphobie bezeichnet.

Cis oder cis-geschlechtlich
: werden Menschen genannt, die sich dem Geschlecht zugehörig fühlen, das ihnen bei der Geburt zugewiesen wurde. Cis (engl. „diesseits") ist in diesem Sinne das Gegenteil von Trans*.

Coming-out
: heißt wörtlich „herauskommen" und bezeichnet insbesondere den Schritt, seinem Umfeld mitzuteilen, ein Leben als LSBTIQ* zu führen. Dieser Schritt ist beim Coming-out selbstbestimmt. Im Gegensatz dazu bezeichnet „Outing" einen Vorgang, bei dem jemand anderes diese Information öffentlich macht, was unter Umständen gegen den Willen des betroffenen Menschen und ohne sein Wissen geschieht.

Doing Gender
: Der Begriff macht deutlich, dass Geschlecht in der Interaktion mit anderen Menschen hergestellt wird. Welche Geschlechtervorstellungen und Normen dabei wirksam werden, ist in der jeweils herrschenden Geschlechterkultur verankert und in ständigem Wandel begriffen.

Heteronormative Ordnung
: Der Begriff der Heteronormativität verweist darauf, dass in der herrschenden Geschlechterordnung erstens genau zwei binäre Geschlechter Mann und Frau angenommen werden, diese zweitens sexuell aufeinander bezogen sind und dass es drittens eine Hierarchie gibt, die Männlichkeit und Heterosexualität privilegiert.

Homophobie
: Der Begriff meint in der Regel alle negativen Einstellungen gegenüber Lesben und Schwulen. Diese können sich in Vorurteilen und Abwertung, der Befürwortung von Diskriminierung bis hin zur Gewaltausübung äußern. Da es sich in den allermeisten Fällen nicht um eine pathologische Angst (Phobie) handelt, werden zunehmend auch die Begriffe Homofeindlichkeit oder Homonegativität verwendet.

Inter*, intergeschlechtlich, intersexuell
: Als intergeschlechtlich werden Menschen bezeichnet, die sich biologisch nicht eindeutig in eine der Kategorien Mann/Frau einordnen, d. h., sie entsprechen genetisch und/oder anatomisch und/oder hormonell nicht den Normen, die für die Einordnung in die Kategorien Junge/Mädchen bzw. Mann/Frau festgelegt wurden. Neben dem Begriff der Intergeschlechtlichkeit ist insbesondere im medizinischen Diskurs auch der Begriff Intersexualität gebräuchlich. Dieser

ist jedoch insofern irreführend, als es bei Intergeschlechtlichkeit nicht um Sexualität, sondern um das Geschlecht geht. Das Sternchen in der Bezeichnung Inter* steht für die Vielfalt der Selbstbezeichnungen intergeschlechtlicher Menschen. Sie können sich als Mann oder als Frau verstehen oder sich als jenseits dieser Kategorien stehend begreifen und sich selbst beispielsweise als inter*, nicht binär oder queer bezeichnen. Die Fremdbezeichnung Zwitter ist abwertend und sollte von Lehrkräften zurückgewiesen werden.

LSBTIQ*
: Abkürzung für lesbisch, schwul, bisexuell, trans*, inter* und queer*. Das Sternchen repräsentiert – sozusagen als Platzhalter – die zahlreichen weiteren Selbstbezeichnungen von Geschlecht und/oder sexueller Orientierung.

Nicht binär – non binary
: sind Menschen, die sich in ihrer Geschlechtlichkeit nicht in das binäre Geschlechtersystem einordnen, die sich also weder als Mann noch als Frau verstehen.

Pansexuell
: Als pansexuell bezeichnen sich Menschen, für die das Geschlecht von anderen Menschen für die sexuelle und/oder emotionale Anziehung unerheblich ist.

Queer
: Der Begriff wird in unterschiedlicher Bedeutung verwendet. Er wird erstens als Sammelbegriff von Menschen benutzt, die der heteronormativen Ordnung nicht entsprechen (wollen), zweitens als Selbstbezeichnung von Menschen, die sich jenseits der Kategorien Mann/Frau verorten und drittens als Denkrichtung, deren Ziel es ist, die binäre Ordnung zu dekonstruieren bzw. deren Konstruktionsmechanismen aufzudecken.

Regenbogenfamilie
: Das ist eine Familie, in der mindestens ein Elternteil LSBTIQ* ist.

Sexualisierte Gewalt – genderbasierte Gewalt
: Hierunter werden alle Formen von Gewalt verstanden, die Menschen aufgrund ihres Geschlechts erfahren und die darauf gerichtet sind, sie in ihrer geschlechtlichen und sexuellen Integrität und Würde zu verletzen oder in ihren Entfaltungsmöglichkeiten einzuschränken. In der Fachliteratur und im allgemeinen Sprachgebrauch hat sich der Begriff der „sexualisierten Gewalt" durchgesetzt, obwohl die Bezeichnung „genderbasierte Gewalt" den Sachverhalt präziser beschreibt. Die direkten Formen dieser Gewalt reichen von verbalen Abwertungen, wie Schwuli, Lesbe, Transe usw. sowie sexistischen Witzen über entsprechende Gesten, Grenzverletzungen und körperliche Übergriffe bis hin zu massiven Formen sexueller Gewalt. Sie können sich gegen Mädchen/Frauen und LSBTIQ* richten, aber auch z. B. gegen einen heterosexuellen cis-geschlechtlichen Jungen/Mann, der von herrschenden Männlichkeitsnormen abweicht. Auch alle Formen von Ausgrenzungen und strukturellen Benachteiligungen, die Menschen aufgrund ihres Geschlechts und/oder ihrer sexuellen Orientierung erfahren, sind im Sinne dieser Definition sexualisierte Gewalt bzw. genderbasierte Gewalt.

Trans*, transgeschlechtlich, transgender, transident
: Bezeichnungen für Personen, die ihr bei der Geburt zugewiesenes Geschlecht (das sogenannte Zuweisungsgeschlecht) als falsch empfinden und sich diesem nicht zugehörig fühlen. Insbesondere im medizinischen und juristischen Diskurs ist auch der Begriff Transsexualität gebräuchlich. Dieser ist jedoch irreführend, da nicht die Sexualität im Vordergrund steht, sondern das

Geschlecht. Das Sternchen in der Bezeichnung Trans* bringt zum Ausdruck, dass die Geschlechtlichkeit von Trans*personen sehr unterschiedlich sein kann. Es steht – sozusagen als Platzhalter – für zahlreiche Selbstbezeichnungen transgeschlechtlicher Menschen, wobei das Geschlecht innerhalb oder außerhalb der Binarität Mann/Frau liegen kann („Transgender"). Fremdbezeichnungen wie „Transe" oder „Transvestit" sind abwertend konnotiert und sollten von Lehrkräften als Bezeichnung für transgeschlechtliche Personen zurückgewiesen werden.

Transitionsprozess
: Prozess der sozialen, juristischen und gegebenenfalls medizinischen Anpassung von transgeschlechtlichen Menschen an ihr Geschlecht. Die meisten, aber nicht alle transgeschlechtlichen Menschen wünschen eine medizinische Anpassung ihres Körpers an das Geschlecht, mit dem sie sich identifizieren.

Transmädchen/Transjunge
: Transmädchen bezeichnet ein Mädchen, das nach der Geburt als Junge klassifiziert wurde. Entsprechend ist ein Transjunge ein Junge, der nach der Geburt als Mädchen klassifiziert wurde. Nicht alle Trans*menschen wollen diese Selbstbezeichnung für sich benutzen.

Transphobie, Trans*feindlichkeit
: Wie auch bei der Homophobie beinhaltet der Begriff Vorurteile, negative Einstellungen, Stigmatisierung, Abwertung, Verleugnung, Befürwortung von Diskriminierung, Diskriminierung und Gewalt gegenüber Trans*menschen bzw. transgeschlechtlichen Existenzweisen – sowohl in direkter Form als auch strukturell z. B. in Form staatlicher Benachteiligung.

Literatur

Antidiskriminierungsstelle des Bundes (2017): LSBTIQ* – Lehrkräfte in Deutschland. Diskriminierungserfahrungen und Umgang mit der eigenen sexuellen und geschlechtlichen Identität im Schulalltag. Berlin.

Antidiskriminierungsstelle des Bundes (2018): Diskriminierung an Schulen erkennen und vermeiden. Praxisleitfaden zum Abbau von Diskriminierung in der Schule. Berlin.

Augstein, Maria Sabine (2013): Zur Situation transsexueller Kinder in der Schule vor der offiziellen (gerichtlichen) Vornamensänderung. Download auf der Homepage des Vereins Trans Kinder Netz e. V.

Beauvoir, Simone (1951): Das andere Geschlecht. Hamburg: Rowohlt Taschenbuch Verlag.

Begall, Malte (2018): Welches Fachwissen benötigen Sportlehrkräfte?, in: sportunterricht 67, Heft 9, S. 398–402.

Bittner, Melanie (2011): Geschlechterkonstruktionen und die Darstellung von Lesben, Schwulen, Bisexuellen, Trans* und Inter* (LSBTI) in Schulbüchern. Frankfurt: GEW.

Boger, Mai-Anh (2019): Subjekte der Inklusion. Die Theorie der trilemmatischen Inklusion zum Mitfühlen. Rastede: edition assemblage.

Booth, Tony / Ainscow, Mel (2017): Index für Inklusion. Ein Leitfaden für Schulentwicklung. Weinheim und Basel: Beltz.

Bothe, Marion / Jeß, Christiane (2018): Offenheit für Vielfalt unterstützen durch Schülermitwirkung, in: Pädagogik 2/2018, S. 24–27.

Bourdieu, Pierre (1993). Narzisstische Reflexivität und wissenschaftliche Reflexivität, in: Berg, Eberhard / Fuchs, Martin (Hrsg.): Kultur, soziale Praxis, Text. Die Krise der ethnographischen Repräsentation. Frankfurt am Main: Suhrkamp, S. 365–374.

Brill, Stephanie / Pepper, Rachel (2011): Wenn Kinder anders fühlen. Identität im anderen Geschlecht. Ein Ratgeber für Eltern. München und Basel: Ernst Reinhardt Verlag.

Budde, Jürgen (2009): Mathematikunterricht und Geschlecht. Empirische Ergebnisse und pädagogische Ansätze, herausgegeben vom Bundesministerium für Bildung und Forschung (BMBF) Referat Bildungsforschung: Bildungsforschung, Bd. 30. Bonn und Berlin, S. 10.

Bundesministerium für Familie, Senioren, Frauen und Jugend (Hrsg.) (2004): Lebenssituation, Sicherheit und Gesundheit von Frauen in Deutschland. Berlin (siehe Müller/ Schröttle, 2004).

Busch, Bodo (2018): Einen gemeinsamen Rahmen für das Thema sexuelle Vielfalt schaffen. Netzwerkarbeit, Projekte und Fortbildungen in einer Beruflichen Schule, in: Pädagogik 2/2018, S. 14–18.

Debus, Katharina (2017): Dramatisierung, Entdramatisierung und Nicht-Dramatisierung von Geschlecht und sexueller Orientierung in der geschlechterreflektierten Bildung. Oder: (Wie) Kann ich geschlechterreflektiert arbeiten, ohne Stereotype zu verstärken?, in: Glockentöger, Ilke / Adelt, Eva (Hrsg.): Gendersensible Bildung und Erziehung in der Schule. Münster und New York: Waxmann, S. 25–41.

Dern, Susanne / Schmid, Alexander / Spangenberg, Ulrike (2013): Schutz vor Diskriminierung im Schulbereich. Eine Analyse von Regelungen und Schutzlücken im Schul- und Sozialrecht sowie Empfehlungen für deren Fortentwicklung. Expertise erstellt im

Auftrag der Antidiskriminierungsstelle des Bundes, Berlin.
Deutsche Gesellschaft für Demokratiepädagogik e. V. (Hrsg.) (2016): Merkmale demokratiepädagogischer Schulen. Berlin.
Dijk, Lutz van / Driel, Barry van (2008): Sexuelle Vielfalt lernen: Schulen ohne Homophobie. Berlin: Querverlag.
Eribon, Didier (2016): Rückkehr nach Reims. Berlin: Edition Suhrkamp.
Europäische Kommission gegen Rassismus und Intoleranz, ECRI (2013): Fünfter Bericht, verabschiedet am 5. Dezember 2013, veröffentlicht am 25. Februar 2014.
Firley-Lorenz, Michaela (1997): „Einer Respektsperson würde das nie passieren" – Diskriminierungen von Sportlehrerinnen in der Schule, in: Engelfried, Constance (Hrsg.): „Auszeit", Sexualität, Gewalt und Abhängigkeiten im Sport. Frankfurt am Main und New York: Campus, S. 92–105.
FRA – Agentur der Europäischen Union für Grundrechte (2013): LGBT-Umfrage in der Union. Download der Ergebnisse auf der Homepage der Agentur.
Friedrich-Ebert-Stiftung (2014): „… und das ist auch gut so!" Sexuelle und geschlechtliche Vielfalt in der Schule. Veranstaltung vom 22. Oktober 2013. Berlin: Friedrich-Ebert-Stiftung.
Galtung, Johan (1975): Strukturelle Gewalt. Beiträge zur Friedens- und Konfliktforschung. Reinbek bei Hamburg: Rowohlt.
Gerber, Julia (2018): Unterschiedliche Lebensweisen altersgemäß zur Sprache bringen, in: Pädagogik 2/2018, S. 10–13.
Gewerkschaft Erziehung und Wissenschaft (GEW) (Hrsg.) (2012): Raus aus der Grauzone – Farbe bekennen. Lesben, Schwule und Trans-Lehrkräfte in der Schule. Frankfurt am Main.
Gewerkschaft Erziehung und Wissenschaft (GEW) (2017): Für eine Pädagogik der Vielfalt. Argumente gegen ultrakonservative, neu-rechte und christlich-fundamentalistische Behauptungen. Frankfurt am Main.
Gewerkschaft, Erziehung und Wissenschaft (GEW) – Baden-Württemberg (2017): Lesbisch, schwul, trans, hetero … Lebensweisen als Thema für die Schule. Stuttgart.
Gildemeister, Regine / Wetterer, Angelika (1992): Wie Geschlechter gemacht werden. Die soziale Konstruktion der Zweigeschlechtlichkeit und ihre Reifizierung in der Frauenforschung, in: Knapp, Gudrun-Axeli / Wetterer, Angelika (Hrsg.): Traditionen Brüche: Entwicklungen feministischer Theorie. Freiburg/Breisgau: Kore, S. 201–254.
Glockentöger, Ilke / Adelt, Eva (Hrsg.) (2017): Gendersensible Bildung und Erziehung in der Schule. Münster und New York: Waxmann.
Gymnasium Odenthal: Unser Leitbild. Download auf der Homepage des Gymnasiums Odenthal.
Hagemann-White, Carol (1984): Sozialisation: Weiblich – männlich? Alltag und Biografie von Mädchen, Bd. 1. Opladen: Leske und Buderich.
Hatzenbuehler, Mark (2011): The Social Environment and Suicide Attempts in Lesbian, Gay and Bisexual youth, in: Pediatrics 127, Heft 5, S. 896–903.
Hirschauer, Stefan (1999): Die soziale Konstruktion der Transsexualität. Frankfurt am Main: Suhrkamp.
Homosexualités & Socialisme (HES) and the Movement of Affirmation for young Gays, Lesbi-ans, Bi and Trans (MAG-LGBT Youth) (2009): Survey on the experiences of young trans people in France. Paris.
Höpfner, Ulf / Lotz, Alexander (2018): Eine professionelle Haltung zu Akzeptanz von Vielfalt entwickeln. Handlungsmöglichkeiten für Lehrkräfte, in: Pädagogik 2/2018, S. 32–35.
Jacobs, Sue-Ellen / Wesley, Thomas / Lang, Sabine (Hrsg.) (1997): Two-spirit people:

Native American gender identity, sexuality and spirituality. Urbana: University of Illinois Press.

Kavemann, Barbara (1992): Gewalt gegen Mädchen findet auch in der Schule statt, in: Senatsverwaltung für Arbeit und Frauen Berlin (Hrsg.): Gewalt gegen Mädchen an Schulen. Berlin, S. 11–35.

Klein, Michael / Palzkill, Birgit (1998): Gewalt gegen Mädchen und Frauen im Sport: Pilotstudie im Auftrag des Ministeriums für Frauen, Jugend, Familie und Gesundheit des Landes NRW (MFJFG), in: MFJFG (Hrsg.): Dokumente und Berichte 46, Düsseldorf, S. 1–94.

Klocke, Ulrich (2012): Akzeptanz sexueller Vielfalt an Berliner Schulen: Eine Befragung zu Verhalten, Einstellungen und Wissen zu LSBT und deren Einflussvariablen. Berlin.

Klocke, Ulrich / Salden, Ska / Watzlawik, Meike (2018): Vielfalt in Schule fördern, in: DJI Impulse 2/18, „Jung und queer", S. 26–29.

Krämer, Anike / Sabisch, Katja (2017): Intersexualität in NRW. Eine qualitative Untersuchung der Gesundheitsversorgung von zwischengeschlechtlichen Kindern in Nordrhein-Westfalen. Essen. Download auf der Homepage des Netzwerks Frauen und Geschlechterforschung NRW.

Krell, Claudia (2013): Lebenssituationen und Diskriminierungserfahrungen von homosexuellen Jugendlichen in Deutschland. Herausgegeben vom Deutschen Jugendinstitut, München. Download auf der Homepage des Deutschen Jugendinstituts.

Krell, Claudia / Oldemeier, Kerstin (2015): Coming out – und dann …?! Studie im Auftrag des Deutschen Jugendinstituts. München. Download auf der Homepage des Deutschen Jugendinstituts.

Krell, Claudia/Oldemeier, Kerstin (2017): Coming-out und dann …?! Coming-out-Verläufe und Diskriminierungserfahrungen von lesbischen, schwulen, bisexuellen, trans* und queeren Jugendlichen und Erwachsenen in Deutschland. Opladen: Barbara Budrich.

Krell, Claudia / Austin-Cliff, George (2018): Queere Freizeit, in: DJI Impulse 2/18, „Jung und queer", S. 20–25.

Küpper, Beate / Klocke, Ulrich / Hoffmann, Lena-Carlotta (2017): Einstellungen gegenüber lesbischen, schwulen und bisexuellen Menschen in Deutschland. Ergebnisse einer bevölkerungsrepräsentativen Umfrage. Herausgegeben von der Antidiskriminierungsstelle des Bundes. Baden-Baden: Nomos.

Maschke, Sabine / Stecher, Ludwig (2018): Sexuelle Gewalt. Erfahrungen Jugendlicher heute. Weinheim und Basel: Beltz.

Menzel, Tobias / Braumüller, Birgit / Hartmann-Tews, Ilse (2019): The relevance of sexual orientation and gender identity in sport in Europe. Findings from the Outsport survey. Köln: Deutsche Sporthochschule Köln, Institut für Soziologie und Genderforschung. Download auf der Homepage der Deutschen Sporthochschule Köln.

Ministerium für Schule und Weiterbildung (2015): Referenzrahmen Schulqualität NRW. Düsseldorf.

Miosga, Margit / Schele, Ursula (2018): Sexualisierte Gewalt und Schule. Was Lehrerinnen und Lehrer wissen müssen. Weinheim und Basel: Beltz.

Morgen, Clara (2013): Mein intersexuelles Kind. Berlin: Transit Buchverlag.

Müller, Ursula / Schröttle, Monika (2004): Lebenssituation, Sicherheit und Gesundheit von Frauen in Deutschland. Eine repräsentative Untersuchung zu Gewalt gegen Frauen in Deutschland. Im Auftrag des Bundesministeriums für Familie, Senioren, Frauen und Jugend. Berlin. Download der Kurz- und Langfassungen dieser und der folgenden vier Dokumentationen auf der Homepage des Bundesministeriums.

Nicke, Sascha (2017): Der Begriff der Identität. Bundeszentrale für politische Bildung. Download auf der Homepage der Bundeszentrale für politische Bildung.

Palzkill, Birgit / Scheffel, Heidi (1996): Selbstbehauptung im beruflichen Alltag von Lehrerinnen, in: Kaiser, Astrid (Hrsg.): FrauenStärken – ändern Schule. Bielefeld: Kleine Verlag, S. 64–69.

Palzkill, Birgit / Scheffel, Heidi (2005): Spezifische Konflikte in der Beziehung zwischen Lehrerinnen und Schülern – Konsequenzen für eine geschlechtersensible Supervision und Fortbildung, in: Ministerium für Schule NRW (Hrsg.): Schule im Gender Mainstream. Soest, S. 233–238.

Palzkill, Birgit / Scheffel, Heidi (2007): Train the teacher – Geschlechterkompetenz im Sportunterricht, in: Miethling, Wolf-Dietrich / Gieß-Stüber, Petra (Hrsg.): Beruf: Sportlehrer/in. Baltmannsweiler: Schneider Verlag Hohengehren, S. 163–178.

Palzkill, Birgit / Markert, Nora (2012): Die Chancen von Profilkursen – Was die Kursbildung in der Oberstufe mit geschlechtersensiblem Sportunterricht zu tun hat, in: sportpädagogik 36, Heft 6, S. 42–45.

Palzkill, Birgit / Müller, Günter / Schute, Eva (2015): Erfolgreiche Gesprächsführung in der Schule. Berlin: Cornelsen.

Palzkill, Birgit (2017): Nicht auch noch Gender, oder? – wie sich ein Kollegium für genderbewusste Arbeit gewinnen lässt, in: Glockentöger, Ilke / Adelt, Eva (Hrsg.): Gendersensible Bildung und Erziehung in der Schule. Münster und New York: Waxmann, S. 121–138.

Palzkill, Birgit (2017b): Handlungsschritte gegen sexualisierte Gewalt. Acht Schritte zu einer Kultur der Achtsamkeit im Sportunterricht, in: sportunterricht 66 (2017), Heft 9, S. 270–274.

Palzkill, Birgit (2018): Akzeptanz sexueller Vielfalt und Selbstsicherheit stärken. Projekttage als Impulsgeber und Kristallisationspunkte, in: Pädagogik 2/2018, S. 19–23.

Palzkill, Birgit / Schulz, Dirk (2018): Prinzipien der Projekt- und Unterrichtsgestaltung, in: Schule der Vielfalt – NRW: Unterrichts- und Projektbeispiele für Respekt und mehr Akzeptanz. Bochum, S. 15–18.

Peoples, James / Bailey, Garrick Alan (2011): Humanity: An Introduction to Cultural Anthropology. Washington: Cengage Learning.

Pohl, Frank G. (2017): Geschlechter- und Rollenbilder in Schulen der Vielfalt, in: Glockentöger, Ilke / Adelt, Eva (Hrsg.): Gendersensible Bildung und Erziehung in der Schule. Münster und New York: Waxmann, S. 217–237.

Pohl, Frank G. (2018): 10 Jahre Schule der Vielfalt. Rundbriefe 2008–2018. Köln: BoD.

Pomata, Gianna (1983): Die Geschichte der Frauen zwischen Anthropologie und Biologie, in: Feministische Studien 2, S. 113–127.

Prengel, Annedore (1993): Pädagogik der Vielfalt. Verschiedenheit und Gleichberechtigung in Interkultureller, Feministischer und Integrativer Pädagogik. Opladen: Leske und Budrich.

Rauchfleisch, Udo (2013): Anne wird Tom – Klaus wird Lara. Transidentität/Transsexualität verstehen. Ostfildern: Patmos Verlag.

Rauchfleisch, Udo (2016): Transsexualität – Transidentität. Göttingen: Vandenhoeck und Ruprecht.

Rendtorff, Barbara (2018): Bildung – Geschlecht – Gesellschaft. Weinheim: Beltz.

Rhode, Rudi / Meis, Mona-Sabine (2014): Regelverstöße – stopp! Wege zum sicheren Umgang. Berlin: Cornelsen.

Rosenberg, Marshall B. (2016): Gewaltfreie Kommunikation: Eine Sprache des Lebens. Paderborn: Junfermann Verlag.

Sanyal, Mithu (2017): Problematische Strukturen, in: Kölner Stadtanzeiger 21./22. Oktober, S. 3.

Schaaf, Frederik (2016): Homosexuelle Schüler im Sportunterricht. Dissertation. Ruhr-Universität Bochum.

Scheffel, Heidi (1996): MädchenSport und Koedukation. Aspekte einer feministischen Sportpraxis. Butzbach-Griedel: Afra.

Scheffel, Heidi (1997): Sexuelle Gewalt: Didaktische Anforderungen an einen angstfreien Sportunterricht, in: Petry, Karen (Hrsg.): Die bewegte Frau. Vortragsheft zum 2. Forum für aktuelle Themen in der Frauenforschung im Sport: Sexuelle Gewalt und Sport. Köln: Deutsche Sporthochschule Köln, S. 13–26.

Schneider, Erik / Baltes-Löhr, Christel (Hrsg.) (2014): Normierte Kinder. Effekte der Geschlechternormativität auf Kindheit und Adoleszenz. Bielefeld: transcript.

Schule der Vielfalt (Hrsg.) (2013): Schule der Vielfalt – Schule ohne Homophobie, Rundbrief, 1/2013, Bochum/Köln. Download auf der Homepage des Projekts „Schule der Vielfalt".

Schule der Vielfalt (Hrsg.) (2013b): Schule der Vielfalt – Schule ohne Homophobie, Rundbrief, 2/2013, Bochum/Köln. Download auf der Homepage des Projekts „Schule der Vielfalt".

Schule der Vielfalt & SCHLAU NRW (Hrsg.) (2016): Wie Sie die Akzeptanz von sexueller und geschlechtlicher Vielfalt an Ihrer Schule unterstützen können. Checkliste und Handlungsempfehlungen für Schulen zum Thema LSBTI*Q. Köln.

Schule der Vielfalt – NRW (2018): Unterrichts- und Projektbeispiele für Respekt und mehr Akzeptanz. Bochum. Download auf der Homepage des Projekts „Schule der Vielfalt".

Semiramis, Ceylan (2013): Mobbing an Grundschulen. Geschlechtsrollenverhalten und Regenbogenfamilien. Kurzinformation und Handlungsanregungen für Lehrkräfte. Herausgegeben vom LSVD Berlin-Brandenburg im Auftrag der Berliner Senatsverwaltung für Bildung, Jugend und Wissenschaft, Berlin. Download auf der Homepage des LSVD.

Tyrell, Hartmann (1986): Geschlechtliche Differenzierung und Geschlechterklassifikation, in: Kölner Zeitschrift für Soziologie und Sozialpsychologie 38, S. 450–489.

Voß, Hans-Jürgen (2011): Geschlecht – Wider die Natürlichkeit. Stuttgart: Schmetterling Verlag.

West, Candace / Zimmermann, Don H. (1987): Doing Gender, in: Gender & Society 1 (2), S. 125–151.

World Health Organization (WHO) (2013): Global and regional estimates of violence against women: prevalence and health effects of intimate partner violence and non-partner sexual violence. Download auf der Homepage der WHO.

Abkürzungsverzeichnis

AEMR
Allgemeine Erklärung der Menschenrechte

AGG
Allgemeines Gleichbehandlungsgesetz

Art.
Artikel (eines Gesetzes)

BT-Drs.
Bundestagsdrucksache

BVerfG
Bundesverfassungsgericht

BVerfGE
Entscheidungssammlung des Bundesverfassungsgerichts

EG-Vertrag
Vertrag zur Gründung der Europäischen Gemeinschaft

EGMR
Europäischer Gerichtshof für Menschenrechte

EU-Vertrag
Vertrag über die Arbeitsweise der Europäischen Union

GG
Grundgesetz

IDAHOT
Internationaler Tag gegen Homo-, Trans*- und Biphobie

LPVG
Landespersonalvertretungsgesetz

OVG
Oberverwaltungsgericht

PStG
Personenstandsgesetz

SchulG
Schulgesetz

SV
Schüler_innen-Vertretung (oft auch SMV für Schüler_innen-Mitverwaltung)

TSG
Transsexuellengesetz

VG
Verwaltungsgericht

VGH
Verwaltungsgerichtshof